Emil Bobi

Die Schattenstadt

Was 7.000 Agenten über Wien aussagen

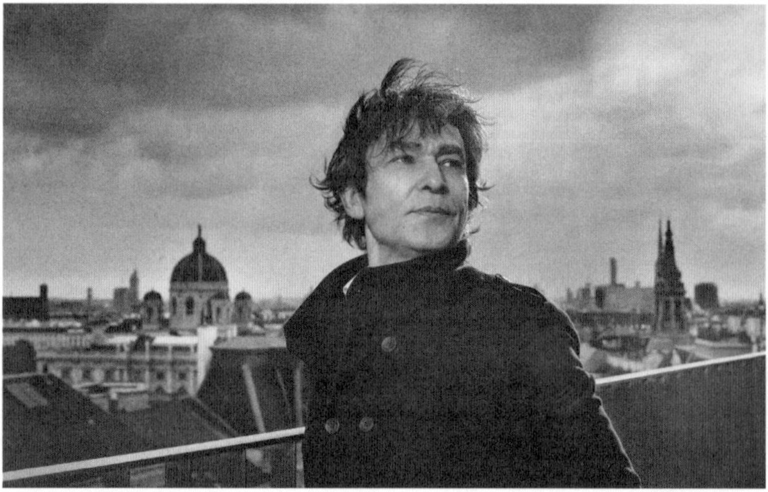

Emil Bobi

Die Schattenstadt

Was 7.000 Agenten über Wien aussagen

ecoWIN

© 2014 Ecowin, Salzburg
by Benevento Publishing
Eine Marke der Red Bull Media House GmbH

Lektorat: Arnold Klaffenböck
Art Direction: Peter Feierabend
Gestaltung und Satz: Frank Behrendt
Covergestaltung: Saskia Beck, Marc Wnuck
Coverfoto, Frontispiz: Andreas Hofer

ISBN: 978-3-7110-0060-6
1 2 3 4 5 6 7 8 / 16 15 14
www.ecowin.at
Printed in Europe

Für Hansi

Inhaltsverzeichnis

1 Das Spionage-Gen 9
   Warum der Wiener süchtig nach Geheimnissen ist

2 Der mit dem Schmäh tanzt 29
   Karl „Charly" Blecha über die Innereien der Wiener
   Gerissenheit

3 „Der, der pinkelt, ist immer der Übernehmer" 43
   Wie Alfred „Django" Rupf den Agenten-Jahrmarkt am
   Wiener Flughafen dirigierte

4 Luft-Krieg und Frieden 55
   Heinz Fischer, Evo Morales und der Rest der Welt

5 Ohne Schmäh 61
   Wie fatal es enden kann, wenn der Schmäh danebengeht

6 Proppenvoll oder blunzenfett 67
   Wien, der Humor und die Deutschen

7 „International in ganz Österreich" 87
   Aufstieg und Absturz des multiethnischen Schmelztiegels
   Wien

8 Für eine Handvoll Kronen 95
   Abertausende Wiener verkauften den Geheimdiensten
   Seifenblasen

9 Doppelnull statt 007 105
   Geheimdienste produzieren generell hauptsächlich Abfall

10 Ein Top-Spion der ČSSR blickt zurück 111
   Larry Martin-Bittman über die Realität des Kalten
   Krieges in Wien

11 Hinter den Kulissen von CIA und KGB 121
   US-Spion Tennent H. Bagley über das Geheimdienst-
   Potenzial der Wiener

12 Geschichte und Geschichten 133
   Spionage gibt es, seit Menschen denken

13 Spionage-Hotspot mit fünf Sternen 145
   Ist Wien tatsächlich auch heute eine Agenten-Hochburg?

14 „Jedes Schriftl is a Giftl" 155
   Polizisten als Handlanger und Prügelknaben

15 Das ernste Spiel 167
   Der Wiener Schmäh als einzigartiges Kultur-Phänomen

16 Erziehungsprinzip Untertan 181
   Wie lähmend kann Barock sein?

17 Unter Bewussten sein 185
   Die Wiener Seele auf der Couch

18 Traumstadt Wien 197
   Der Mythos vom Wienerischen zwischen Schein und Sein

19 Danksagung 203

1 Das Spionage-Gen
Warum der Wiener süchtig nach Geheimnissen ist

Man sollte Klischees nicht immer nur als Klischees abtun. Es heißt, sie hätten mit der Wahrheit so wenig zu tun, dass sie für Rückschlüsse vollkommen unbrauchbar seien. Der Wiener beweist, dass das nicht immer so ist: Er besteht fast nur aus Klischees – und dennoch gibt es ihn. Natürlich gibt es ihn, den echten Wiener. Auch wenn er heutzutage nicht überall und auf den ersten Blick zu erkennen ist. Um ihn zu Gesicht zu bekommen, lenkt man den Blick durch eine Galerie abgegriffener Bilder und lässt sich dabei nicht von der Abgegriffenheit leiten, sondern von den Ideen ihrer Schöpfer. Vorbei an grantigen Kellnern, spionierenden Hausfrauen, charmanten Lügnern, todessüchtigen Jammerern, arbeitsfaulen Lebenskünstlern, selbstverhassten Neidern, gastfreundlichen Sarkasten, weinerlichen Freunden des Teufels, liebenswürdigen Verlierern, seligen Säufern, Schaustellern der Gemütlichkeit, Kampfflächlern gegen die Obrigkeit. Vorbei an der reschen Frau Sopherl, am Lemoni-Verkäufer, am Aschenmann, „Handelsjud", „Zwiebelkrowoten", „Leinwand-Slawaken", Fiakerfahrer und anderen. Erst dann, hinter dem Wald von Stereotypen, taucht er auf: im Verschwinden begriffen wie ein Kriegsrelikt, seine typischen Züge noch gut sichtbar, verstreut unter Wienern von heute. Sein rätselhaftes Wesen, das „typisch Wienerische", scheint nur unter dem Druck einer gewissen Obrigkeit funktioniert zu haben, weil es als Reaktion darauf erst entstanden ist. Der Wiener hat, seit es ihn gibt, immer unter irgendeiner Besatzungsmacht gelebt, seien es die Römer, die Habsburger, die Nazis oder die Siegermächte des Zweiten Weltkrieges. Seit er mit der Bildung der Zweiten Republik erstmals in seiner Geschichte wirklich frei ist, wird auch sein absurdes Schicksal sichtbar: Er hat sich durch seine eigene Befreiung zunehmend obsolet gemacht.

Er hat diese Freiheit nie wirklich gesucht. Er hat zwar immer und gegen alles protestiert, doch nur hinter vorgehaltener Hand: mit Andeutungen, deren Subtilität an eine Geheimsprache grenzt. Er war weit davon entfernt, seinen Herrscher in einem Akt der kollektiven Trauma-Therapie öffentlich zu enthaupten und sich in den Genuss der emanzipatorischen Wirkung solcher Befreiungsschläge zu bringen, wie es viele andere Völker getan haben. Stattdessen hat er sich sein Leben lang alles von oben servieren lassen, selbst die Aufklärung. Der Wiener, der Habsburger-Untertan, der immer gemurrt und gestichelt hat, aber nie ausgebrochen ist, hatte einen anderen Plan: Er hat sich für einen unauffälligen Pfad nach innen entschieden und eine faszinierende Kompetenz herausgebildet – die hohe Kunst des Beschreitens von Schleichwegen durch das Leben. Das Grundmotiv seiner Strategie lautet: Durchkommen.

Er verfügt über eine subtile Intelligenz, die es ihm erlaubt, aus Situationen Nutzen zu ziehen, denen er sich scheinbar enthält. Mit gerissener Schein-Defensive umschifft er Obrigkeiten aller Art, um wie hingezaubert als Erster am Trog zu erscheinen. Gekonnt verbreitet er das Gefühl, es allen recht zu machen und auf eines jeden Seite zu stehen. Er steht schräg zum Brunnen und vermittelt der Warteschlange den Eindruck, ihr demütig den Vortritt zu überlassen, während er in Wahrheit direkt an der Quelle steht und jederzeit seinen Krug füllen kann. In dieser strategischen Haltungslosigkeit bleibt er glaubhaft, auch wenn er Seiten und Kostüme wechselt. Diese seine Haltung ohne Haltung macht ihn zu einem wandelbaren Mischwesen, das mühelos zwischen Fronten und Wirklichkeiten pendeln kann und dabei immer echt bleibt.

Diese Kompetenz hat er zunächst als Überlebenskonzept zum Einsatz gebracht, dann durch die Jahrhunderte zu einer Marke entwickelt, zu einer sozialen Währung, zu einer Geschäftsidee. Und schließlich, viel später, als er selbst endlich an die Macht gekommen war, auch zum politischen Programm, das er Neutralität nannte. Die wahre Neutralität des Wieners ist eine innere, genetische Neutralität. Und diese ist eines der Hauptgeheimnisse der Erfolge und Tragödien des Wieners und seiner Stadt.

Er hat aus der großen Not eine große Tugend gemacht: Aus einer Mischung aus staatlich gezüchtetem Untertanentum und multikultureller Gerissenheit ist er als Gestalt äußerlicher Ergebenheit und geheimer Überlegenheit hervorgegangen. Seine enthaltende, wissende Rolle, gepaart mit ans Pathologische grenzender Neugier und einfühlsamer Methoden, diese auch zu befriedigen, macht ihn zu einem gewachsenen, potenten Vermittler, einem Übersetzer und Verbinder. Um ihn geht es hier.

Dieses Buch ist kein Spionage-Thriller. Es zeichnet Wien nicht als Agenten-Drehscheibe des Kalten Krieges, wo schattige Gestalten unter großen Hüten und langen Mänteln spektakuläre Aktionen liefern wie im Film „Der dritte Mann". Dieses Buch dreht sich um das Warum. Es geht um die Frage, warum die österreichische Hauptstadt Wien zu einer Welthauptstadt der Spionage geworden ist und heute noch als globaler Umschlagplatz für Geheiminformationen aller Art gilt. Der Grund ist nicht, wie immer behauptet wird, der Kalte Krieg und nicht die Attraktivität der Stadt, sondern er: der Wiener und sein Wesen. Dieses Buch ist ein Psychogramm dieses Wieners. Es handelt nicht von Spionage vor der Kulisse Wiens, sondern vom Wiener Wesen vor der Kulisse der Spionage.

Agenten haben Wien immer geliebt, was bemerkenswert ist, schließlich sollten Spione sich bekanntlich nicht verlieben. Doch sie sind immer schweren Herzens weggegangen und manche sogar nach der Pensionierung zurückgekehrt, um für immer zu bleiben. Und das nicht, weil sie die Nähe des Eisernen Vorhanges vermisst haben, sondern weil der Wiener ist, wie er ist. Geheimdienstler fühlen sich in seiner Gegenwart verstanden, geborgen, bedient. Sie treffen auf ein mentales Milieu, das ihnen bekannt erscheint und entgegenkommt. Denn mit Geheimnissen zu handeln ist im tieferen Sinn eine der Urkompetenzen der Wiener Gesellschaft, die als Produkt ihrer besonderen politischen und psychosozialen Geschichte geradezu eine Volkskultur der Spionage hervorgebracht hat. Der Wiener ist ein Natur-Agent. Und seine Stadt ein wahres Schlaraffenland für Geheimdienstler.

Wien war immer ein Ort, an dem man untertauchen, sich entziehen und das Überleben finden konnte, wenn auch schwer. Der Wiener selbst ist jemand, der einmal nach Wien gekommen ist, um zu schauen, was geht. Er hat ein tief sitzendes Verständnis für Personen, die nicht offen reden können. Er ist ein über die Jahrhunderte geformtes, exotisch anmutendes Produkt kultureller und ethnischer Vermischungen, das eine besondere Art von Menschenkenntnis herausgebildet hat, mit der er dem Fremden eine vom Materiellen bis ins Mentale hineinreichende Infrastruktur für die Umsetzung diskreter Pläne bietet. Er nickt und blickt wissend, er sorgt schweigend für das leibliche und mentale Wohl, um Entspannung zu erzeugen. Er vermittelt dem Fremden das Gefühl natürlicher Komplizenschaft und die Gewissheit, als Komplize jederzeit bevorzugt zu werden, ohne direkt über die Gegenleistung zu sprechen. Der Wiener gibt den guten Diener, der die Hintertüren der Stadt kennt, sie jederzeit zu benutzen weiß und daraus kein Aufheben macht. Er verfügt über eine menschlich anziehende Mischung aus unterwürfiger Gerissenheit und überheblicher Lebenskunst, geschult durch viele Generationen. Er ist ein Tourismus-Experte für geheime Destinationen. Seine Gastfreundschaft ist eine der dritten Art.

Die Fremden spüren das. Menschen, die etwas zu verbergen haben, fühlen sich in Wien besonders wohl. Denn der Wiener hat selber etwas zu verbergen; in erster Linie vor sich selbst und in der Folge vor den anderen. Gerade deshalb plagt ihn ein ausgeprägtes Verlangen, das Verborgene des anderen zu erfahren. Er steht unter der Regie einer süchtigen Neugier, die sich intelligenter Methoden der Selbstbefriedigung bedient. Diese Wiener Neugier weiß, dass sie mehr erfährt, wenn sie weniger fragt. Sie weiß, in welcher Stimmung Menschen am ehesten bereit sind, Dinge auszuplaudern, die sie für sich behalten wollten, und sie weiß, wie diese passende Stimmung zu erzeugen ist. Eine der Operationstechniken ist die Mutter-Rolle: sanft, deeskalierend, bescheiden, verständnisvoll, bedingungslos loyal. Der Wiener gibt seinem Opfer das Gefühl, unter Mitwissern zu sein, die für alles Verständnis haben und für die der diskrete Umgang mit Diskretem selbstverständliche Alltags-Routine ist. Der unschlagbare Vorteil seines Wiener Mischwesens ist, dass das Gespielte auch echt ist. Die Lüge ist kaum noch Lüge, weil sie aus einer Überzeugtheit und Tiefe kommt, wo der Unterschied zur Wahrheit nur noch sehr dünn ist.

Doch er ist auch getrieben, er muss Neues erfahren, er kann nicht anders, er muss seine Sucht befriedigen. Er muss Fragen stellen, auch wenn es unpassend, unerwünscht oder gefährlich ist. Also hat er eine einzigartige Technik hervorgebracht, die es ihm ermöglicht, zu fragen, ohne zu fragen: den Wiener Schmäh.

Der Wiener Schmäh ist alles andere als Goschern mit Pointen oder frotzelnde Verlogenheit. Er ist ein hintergründig lauerndes, als Scherz-Kommunikation daherkommendes Sprach-Spiel informativer Andeutungen; ein verbales Pingpong der spielerisch provokanten Annäherung zweier Partner, die miteinander nicht vertraut sein müssen, sondern sich völlig fremd sein können. Ein verschlüsselter Austausch mit Fremden, die aufpassen müssen. Die nicht genau wissen, mit wem sie da reden und welche Konsequenzen das haben kann. Ein rhythmischer Dialog, eine Art „Rap", der keinem Muster folgt, sondern sich improvisierend an den Details der Situation entzündet und eine besondere Schlagfertigkeit und witziges Formulierungsvermögen voraussetzt. Das gesamte Sprach-Duell ist befeuert von einem sarkastischen Humor, der auch über Tabuthemen lacht, sich über den Tod und selbst über die eigene Unterdrücktheit lustig machen kann. Ein Humor, der Räume zum Aus- und Zurückweichen bietet und es den Duellanten ermöglicht, misslungene Vorstöße, zu weit gegangene, den Partner verstörende Aussagen ins Humoristische zu kippen und nachträglich als nicht ernst gemeint zurückzunehmen. Der Wiener Schmäh ist ein probeweises Herantasten an das Verborgene.

 Er hat etwas Unheimliches, was seine wahre Bedeutung für die Wiener Identität betrifft. Er ist eine – wenn nicht die – zentrale Erscheinungsform dessen, was man das Wienerische nennt. Bei all dem Deutungsreichtum dessen, was der Wiener Schmäh sein soll, kann man eines, etwas ernsthaft Bemerkenswertes, sicher sagen: Der Wiener Schmäh spielt mit der Wirklichkeit. Er tanzt mit ihr. In einem rhythmischen Verbal-Duell aus witzigen, augenzwinkernd untergriffigen, spielerisch provokanten Schlagfertigkeiten versucht man sich gegenseitig das wahre Gesicht zu entlocken, während jeder sein eigenes Wunschgesicht zeigt. Der Wiener Schmäh ist eine theatralische Verhandlungsmethode, die nichts Geringeres verhandelt als die Realität. Mit doppelbödigen, vor Sprachfantasie und charmanten Frechheiten sprühenden Bemerkungen über sich selbst und den anderen steckt er Persönlichkeiten ab und verhandelt ihre Identitäten. „Bargaining for Reality" nennt das der Anthropologe Lawrence Rosen. Identitäten seien als „Bewusstsein vom eigenen Selbst" fragile Gebilde, die erst aus Verhandlungen hervorgehen, weil sich Personen „kontextspezifisch" in unterschiedlichen Situationen verschieden darstellen.

Für den Wiener Schmäh ist die Wirklichkeit nicht wirklich wirklich. Die Wahrheit ist verhandelbar. Sie ist ein Verhandlungsergebnis. In seiner Welt der literarischen Wahrheit spielen Geschichten eine ebenso wichtige Rolle wie die Realität. Er verfügt über eine Art arabisches Element, eine geistreich linkische Basar-Intelligenz, die Wien eher zu einem europäischen Marrakesch macht als zu einem balkanesischen Berlin.

Der Wiener ist alles andere als ein hilflos-gemütlicher Hausmeister. Seine genetische Neutralität, seine geniale Geheimnisherauslockungsmethode namens Wiener Schmäh, der unerschöpfliche Treibstoff Neugier und seine Basar-Intelligenz ergeben ein hintergründiges Wesen mit einem Hauch krimineller Energie, die ihn charmant und gefährlich erscheinen lassen.

Agenten auf hohem Niveau zu beherbergen, macht er nur nebenbei. Sein Hauptfeld ist die Spionage selbst, wenn auch im engeren Sinne die Volksspionage in der eigenen Wiener Gesellschaft. In den Salons, in den Kaffee- und Stiegenhäusern, wo mehr Ansehen genießt, wer mehr zu flüstern weiß. Wo Geheimnisse und ihr Verrat eine gesellschaftliche Währung sind.

Während des Kalten Krieges, als zahlreiche Geheimdienstorganisationen ihre Zelte im geteilten, vierfach besetzten Wien aufgeschlagen hatten und die Nachfrage nach Zuträgern von Informationen riesig war, ist das goldene Wiener Agenten-Herz besonders aufgeblüht. Dieser Kalte Krieg war ein Wirtschaftswunder für das Wiener Agententum. Es gab Nebenjob-Vollbeschäftigung. Zahllose Wiener haben dabei ihr Naturtalent zur Verfügung gestellt und gastfreundlich charmant mitgeschnitten. Allein in den Unterlagen des tschechoslowakischen Geheimdienstes, die in Prager Archiven einsehbar sind, finden sich 12.000 österreichische Namen von Zuträgern. Nicht alle sind echt; es gibt Doubletten und auch Namen von Wienern, die von tschechoslowakischen Anbahnern fälschlich genannt wurden, weil diese selbst im eigenen Apparat unter Erfolgszwang standen. Doch der echte Rest ist noch immer riesig.

Der sowjetische Geheimdienst KGB hatte in Wien 300 Spione allein aus den Reihen der Wiener Polizei, wie ehemalige Geheimagenten weiter hinten berichten. Die Wiener Ministerien waren durchsetzt von Informanten der Geheimdienste. Die meisten von ihnen betrieben Spionage mit Wiener Schmäh: Sie wussten nicht viel zu verraten, das aber für gutes Geld. Weil sie ohnehin kaum Relevantes in Erfahrung bringen konnten, belieferten sie die extrem uninformierten und oft sehr ungebildeten Ost-Spione mit wertlosen Inhalten, die sie den österreichischen Zeitungen entnommen hatten. Sie taten geheimnisvoll und verkauften heiße Luft. Nicht nur in Wien, aber besonders dort, waren die Einkünfte aus Spionagetätigkeiten von großer volkswirtschaftlicher Bedeutung. Tausende hatten ein Zubrot in einer materiell schwierigen Zeit. Wien stellte mehr Spione als alle in Wien agierenden Geheimdienste zusammen.

Dass der Agenten-Rummel im Wien der Nachkriegszeit von filmreifen Szenen und atemberaubenden nachrichtendienstlichen Erfolgen geprägt war, ist schlicht falsch. Wahr ist, dass der reale Agenten-Alltag oft lähmend banal und mit dem Sichten irrelevanter Informationen und nicht überprüfbarer Behauptungen durch Wiener Zuträger dominiert war. Im Wesentlichen haben die Wiener die Geheimdienstler aus Ost und West mit dem Schmäh genommen.

Einer dieser typisch österreichischen Spione soll Helmut Zilk gewesen sein, in den 60er-Jahren ORF-Moderator und später Wiener Bürgermeister. Er soll jahrelang Geld und Sachgeschenke vom tschechoslowakischen Geheimdienst kassiert haben, obwohl er kaum wirklich Verwertbares an Informationen zu bieten hatte. Seltsam war nur, dass er als Promi nach dem Prager Frühling 1968/69 nicht aufflog, als alle anderen aufgeflogen waren. Das nährt die Idee, Zilk könnte seine Nichtinformationen doppelt, auch an die Amerikaner, verkauft haben, die ihn deshalb vor der Enttarnung bewahrt haben. Zilks Art der Spionage ist repräsentativ für die Spionage der Abertausenden anderen Wiener. Dass er später Bürgermeister der Spionage-Hauptstadt Wien werden sollte, bedarf keiner Interpretation.

Weil es das Wesen von Geheimdiensten ist, geheim zu bleiben, ist diese Hauptattraktion Wiens von außen unsichtbar. So ist Wien ein Ort der Begegnungen, von denen niemand etwas wissen darf. Die Halbwelt der Spionage und deren Dunstkreis werden äußerlich nur dann sichtbar, wenn eine Operation danebengeht oder einfach nur Spuren hinterlässt. Und weil die vom Licht der Öffentlichkeit gestreiften Protagonisten dann immer gleich wieder verschwinden und die Vorkommnisse ungeklärt, ja unkommentiert bleiben, gerät die Republik Österreich regelmäßig in Verdacht, sich in einem seltsamen Nahverhältnis mit organisierten Gaunern zu befinden, weil sie die ungewollt ans Licht geratenen Schattengestalten behandelt, als gäbe es keine Strafgesetze.

So wurde der frühere libysche Premier und Erdölminister Shukri Ghanem zum Ideengeber für dieses Buch und zum Ausgangspunkt seiner Recherche. Am Morgen des 29. April 2011 trieb er tot in der Neuen Donau in Wien. Der Grund: Er hatte einen Spaziergang gemacht.

Damals als Redakteur des Nachrichtenmagazins „profil" tätig, griff ich zum Telefon. Die Leute vom Bundesamt für Verfassungsschutz und Terrorismusbekämpfung (BVT), die Nachfolger der früheren Staatspolizei und zuständig für politisch relevante Kriminalfälle, beantworteten keine Fragen. Sie gaben zu verstehen, dass es dreifach nichts zu sagen gebe. Erstens: Weil keinerlei Spuren gefunden worden seien. Zweitens: Weil man von einem Unfall ausgehe, aber in alle Richtungen ermittle. Und drittens und überhaupt: Weil es sich um einen Verschlussakt handle.

Wer diesen Jargon kennt, versteht: Mit „Ermitteln in alle Richtungen" ist gemeint, dass sie gar nicht ermitteln, weil es ja ein Unfall gewesen sein soll. „Keine Spuren" heißt gleich viel ermitteln, nämlich gar nicht, weil es mangels Anhaltspunkten nichts zu ermitteln gibt. Und „Verschlussakt" bedeutet, dass nicht darüber geredet werden soll, warum sie nicht ermitteln.

Also Unfall. Neben Mord und Selbstmord die bei Weitem unwahrscheinlichste Variante. Während in Libyen das Blut fließt, das Land im Bürgerkriegschaos versinkt und der Gaddafi-Vertraute Shukri Ghanem vonseiten libyscher Rebellen wegen angeblicher Veruntreuung von Geldbergen gesucht wird, geht der Mann friedlich an der Neuen Donau spazieren und wird von einem plötzlichen Ertrinkungstod ereilt? Die Nachrichtendienstler vom BVT haben im Vorfeld gar nichts mitbekommen? Nicht einmal Telefone abgehört? Nichts? Wurde wenigstens eruiert, ob Morgenspaziergänge zu den Gewohnheiten Herrn Ghanems gezählt haben? Nein? Seine Leiche wurde am nächsten Tag nach Libyen ausgeflogen. Und der „Verschlussakt" war geschlossen.

Solche Verhaltensauffälligkeiten im Umgang mit dubiosen, ausländischen Schatten-VIPs zeigt die Republik mit traditioneller Regelmäßigkeit. Aus heiterem Himmel brechen dann Sequenzen einer diplomatisch-mafiosen Gegenwelt durch, die realer ist, als sie wirkt und unheimliche Macht auf den Staat ausübt, unter der er sich windet, krümmt und zu stammeln beginnt, wenn nachgefragt wird. Wie

Übertragungsfehler brechen diese Sequenzen in die rechtsstaatliche Idylle der Alpenrepublik und zeigen zum Beispiel einen österreichischen Innenminister, der zum Abschied die Hand eines Terroristen schüttelt, welcher gerade sein mit Geiseln gefülltes Flugzeug besteigt, um unbehelligt aus Wien abzufliegen (Dezember 1975). Oder sie zeigen österreichische Polizisten, die ein iranisches Killerkommando zum Flughafen Schwechat eskortieren, das eben in einer Wiener Wohnung in einem Blutbad drei iranische Kurdenführer ermordet hat, um es zur Maschine nach Teheran zu begleiten (Juli 1989).

Oder man sieht Saif Gaddafi, den Sohn des libyschen Diktators, wie er nachts am 11. April 2007 in einem Privatflugzeug Hals über Kopf aus Österreich flüchtet, wenige Stunden nachdem eine seiner Gespielinnen nach einer Eifersuchtsszene vom Balkon der Wiener Villa des libyschen Revolutionskomitees gestürzt und reglos liegen geblieben war, während die Polizei an eine Fahndung nicht einmal denkt. Ja den Verdächtigen nicht einmal befragen will, weil einer seiner Leibwächter ohnehin schon ausgesagt habe, dass die Dame von selber abgestürzt sei.

Oder Markus Wolf. Der damalige Chef der „Hauptverwaltung Aufklärung" (HVA), dem Auslandsnachrichtendienst des Ministeriums für Staatssicherheit (Stasi) der DDR, flüchtet im zusammenbrechenden Kommunismus 1990 nach Moskau, während die Stasi-Zentrale in Ostberlin gestürmt wird. 1991 kommt er nach Wien, obwohl er Angst vor dem Gesetz hat. Seine Stasi hatte sich während des Kalten Krieges in Wien – selbst für Geheimdienst-Begriffe – nicht eben vornehm benommen. Wolf: „Ich war bedroht von möglicher Verhaftung und möglicher Verfahren, weil es ja auch einige Vorgänge in Österreich gab, die mit der HVA zu tun hatten", gab er später in einem Interview zu.

Doch in Österreich bestand für den etwas verspannten DDR-Top-Spion kein Grund zur Unruhe. Es sollte ein lustiger Ausflug ins schöne Wien und seine Gastlichkeit werden. Die österreichische Staatspolizei begleitete ihn auf Stadt-Rundfahrten und zu Gesprächsterminen und schirmte ihn vor der Öffentlichkeit ab. Man „kooperierte", wie es hieß, und führte interessante Gespräche. Hoch oben am Wiener Riesenrad ließ Wolf sich wie Harry Lime aus dem Agenten-Thriller „Der dritte Mann" ablichten. Als Wolf aber kurz danach nach Deutschland reiste, wurde er gleich nach dem Grenzübertritt verhaftet.

Die Liste rätselhafter Anfälle der österreichischen Rechtsstaatlichkeit ist beliebig fortführbar. Die heimischen Meinungsmacher bleiben in solchen Fällen meist etwas ratlos zurück. Wenn die Republik es wieder einmal nicht geschafft hat, ihr wie aus einer finsteren Vergangenheit mitgeschlepptes Doppelleben zu verbergen, weil sie Leute hofiert hat, die anderswo verhaftet werden, dann neigen österreichische Medien dazu, dem Staat naive Vorwürfe von fehlender politischer Sauberkeit zu machen. Und legen selbst mystische Deutungen vor: Augenzwinkernd diffus heißt es dann, man gehe wieder einmal den „österreichischen Weg". Österreich sei schließlich im Kalten Krieg eine „Agenten-Drehscheibe" gewesen oder habe, noch vager, als Agenten-Drehscheibe gegolten. Die Gründe dafür seien sehr einfach: Primär sei es die günstige geopolitische Lage direkt am Eisernen Vorhang, die architektonische Schönheit Wiens, das reiche Kulturangebot, die gute Küche, die hohe öffentliche Sicherheit, die Wiener Gemütlichkeit.

Das mag es alles geben. Aber es erklärt nichts.

Der Agenten-Kirtag ist mit dem Verschwinden des Eisernen Vorhanges nicht verschwunden, sondern im Gegenteil immer weiter gewachsen, sodass Wien heute als globaler Umschlagplatz für Schwarzmarktwissen gilt, als Welthandelszentrum für Angebliches und Tatsächliches. Nach einer Schätzung des Grazer Spionage-Forschers Siegfried Beer sind heute in Wien mindestens 7000

Personen tätig, die in den Botschaften fremder Länder, in den internationalen Körperschaften wie UNO, OPEC, OECD, IAEA oder OSZE und in multinationalen Konzernen sitzen und deren offizielle Tätigkeit als Deckmantel für ihre tatsächliche Tätigkeit dient: der Beschaffung und Übermittlung geheimer Informationen.

Der Eiserne Vorhang mag ein weltpolitischer Zufall gewesen sein und für die Wiener Doppelbödigkeit eine Zeit der Hochkonjunktur. Doch dass Wien als Geheimnis-Basar so groß und zeitlos wichtig geworden ist, ist kein Zufall, sondern auf ein faszinierendes Biotop hausgemachter Eigenheiten und besonderer Talente zurückzuführen, die es lange vor dem Kalten Krieg schon gab und daher auch kein Grund vorlag, mit Ende des Kalten Krieges zu verschwinden. Wien ist nach wie vor auch in der klassischen Spionage eine Welthauptstadt. Viele Regionen werden noch immer von hier aus bedient. So sitzt etwa der Bereichschef des FBI in der US-Botschaft in Wien, um Tschechien und Polen auszuspionieren.

Es gibt niemanden, der Wiens Rolle als Agentenhauptstadt bezweifelt. Selbst die österreichische Staatspolizei, deren Aufgabe es wäre, diesen Zustand zu beenden, hält in ihrem Verfassungsschutzbericht 2013 fest: „Die nachrichtendienstlichen Aktivitäten fremder Staaten stellen für die Republik Österreich eine Gefährdung ... dar. Auch nach dem Kalten Krieg blieb Österreich ein zentrales Land in der Welt der Nachrichtendienste."

Viele qualifizierte Beobachter berichten darüber detailreich weiter hinten in diesem Buch. Es ist evident und in qualifizierten Kreisen allgemein bekannt, dass fast sämtliche Botschaften in Wien Geheimagenten beschäftigen, was allein schon an der krassen personellen Überbesetzung im Verhältnis zur Größe der Botschaft unübersehbar ist. Nicht immer ist es klassische Spionage, immer öfter geht es um Wirtschaftsfragen, um strategische Pläne von Unternehmen, um Patente, um wissenschaftliche Erkenntnisse. Oder auch um harmlosere Tätigkeiten wie die Beobachtung und Analyse öffentlich zugänglicher Ereignisse und Entwicklungen. Und seit dem Anschlag auf das New Yorker World Trade Center im September 2001 erleben Geheimdienste weltweit einen neuen Aufschwung, auch, weil die als „globaler Kampf gegen den Terror" ausgegebene Geheimdienst-Offensive ein gutes Argument für die totale Spionage abgibt. Nicht nur amerikanische Geheimdienste greifen seither auf verdoppelte und verdreifachte Budgets zurück.

Die Bedeutung des Kalten Krieges für die Konjunktur der Wiener Geheimnis-Wirtschaft ist dennoch nicht herunterzuspielen. Natürlich war Wien damals eine Traum-Destination, besonders für Menschen mit Diplomatenpass und Geld: westliche Freiheit, Luxusartikel, kultureller Trubel, Optimismus. Es roch nach Frühling und nach Zukunft. Knospen des nahenden Wirtschaftswunders waren zu erkennen. Eine Versetzung nach Wien war das höchste Privileg, das Geheimdienstmitarbeitern sämtlicher in Wien vertretener Dienste aus Ost und West passieren konnte.

„Alle wollten nach Wien", sagt etwa Ladislav Bittman, bis zum „Prager Frühling" 1968 einer der höchsten Offiziere des ČSSR-Geheimdienstes in Wien.

„Wien, dieses Touristen-Mekka ...", sagt der damals in Wien stationierte CIA-Agent Tennent H. Bagley heute.

„Wenn jemand anderswohin versetzt wurde, war er todtraurig", weiß Spionage-Forscher Siegfried Beer, „so mancher ist nach seiner Pensionierung nach Wien zurückgekehrt, um hier seinen Lebensabend zu genießen."

Wladimir Krjutschkow, zwischen 1988 und 1991 selbst Chef des KGB, in einem Interview für eine Fernsehdokumentation über die Frage, warum insbesondere der KGB Wien als sowjetisches Tor zum Westen ausgewählt hatte: „Erstens ist Wien eine der schönsten Städte der Welt, zumindest eine der schönsten in Europa. Natürlich war es nicht die Schönheit Wiens, die die Aufmerksamkeit der Geheimdienste vieler Länder auf die Stadt gelenkt hat. Es war ein guter Ort für die Arbeit und die Österreicher sind sehr tolerant. Ich denke, die Vertreter verschiedener Geheimdienste haben in Wien eine gewisse Freiheit genossen."

Mit „Toleranz" und „gewisse Freiheit" meinte Krjutschkow nicht nur die Unterwürfigkeit und Erpressbarkeit eines besetzten Kriegsverlierers, sondern die Tatsache, dass das Land eine besondere Art des „Fremden-Verkehrs" förderte, weil das wirtschaftlich und politisch etwas abwerfen konnte. Man betrachtete die Spione als Gäste und um ihnen das Leben möglichst angenehm zu gestalten, wurde ihre Tätigkeit auch gleich gesetzlich legalisiert. Es war kein Hirngespinst eines verträumten Agenten, sondern der Oberste Gerichtshof der Republik Österreich, der in einem Erkenntnis vom 20. April 1956 klargestellt hat, dass Spionage in Österreich nur dann strafbar ist, wenn sie sich direkt gegen Österreich richtet. Wissend, dass Österreich wegen seiner kaum vorhandenen weltpolitischen Relevanz ohnehin kein Primärziel der Geheimdienste ist, sondern eine Drehscheibe, auf der Ausländer gegen Ausländer spionieren. So gab es auch gesetzlich freie Fahrt für die Gäste Wiens. Der Geheimdienst-Tourismus konnte boomen.

In diesen Dingen steht Wien für ganz Österreich. Das Selbstverständnis des Staates ist eine Erscheinungsform der Wiener Mentalität. Seine rätselhaften Packeleien mit der politischen Halbwelt sind kein Ausdruck von Amtsmissbrauch, sondern Produkt einer traditionellen Überlebensphilosophie, die im Licht der Realität seine Berechtigung hat: den Vorteil nehmen, anstatt sich der Konfrontation auszusetzen, mitkassieren, statt anzustreifen. Man kann ohnehin nichts ändern, die Obrigkeiten nicht brechen; aber man kann sein eigenes Auskommen arrangieren. Die reiche

Lebenserfahrung hilft, Anmaßungen von außen wegzustecken und weiter zu funktionieren, als wäre nichts geschehen.

Selbst neuere Studien weisen die Österreicher als untertänigstes Volk Europas aus, weil sie am wenigsten daran glauben, Veränderungen herbeiführen zu können und dennoch und trotz aller Politikverdrossenheit das höchste Vertrauen in Politiker haben.

Der Wiener hat durch die Jahrhunderte gelernt und verinnerlicht, dass er in Summe besser durchs Leben kommt, wenn er sich unauffällig verhält. Er hat sich mental in den Untergrund begeben, um von dort aus mit verschlüsselten Methoden seinen Daseinsunterhalt zu bestreiten. Alles ist geheim, nichts ist wirklich offen. Das Herankommen an inoffizielle, geheime Informationen und deren strategisch portionierte Weitergabe ist für ihn Genuss- und Zahlungsmittel in einem. Natürliche Spionage ist sein Überlebensprinzip. Das ist gemeint, wenn man vom „österreichischen Weg" spricht. Der „österreichische Weg" ist eine trickreiche Abkürzung über zwielichtige oder nicht einsehbare Passagen, ein mit amüsanter Schlitzohrigkeit verharmlostes Brechen von Regeln, an dessen Ende alle Beteiligten das Gefühl haben, zufrieden sein zu können.

Der „österreichische Weg" führt über den Wiener Schmäh. Der Weg in die Wiener Seele führt über den Wiener Schmäh.

Der Wiener Schmäh geht laut einer erhellenden Studie der Wiener Kulturwissenschaftlerin Sabine Müller und ihres Kollegen Vrääth Öhner auf zwei historische Wurzeln zurück: Die eine reicht in die Basar-Situationen vormoderner Marktplätze des multikulturellen Schmelztiegels Wien, wo über Jahrhunderte ein reges Kommen und Gehen herrschte, die Wiener konstant mit neuen Fremden zu tun hatten und es daher ein ständiges Kennenlernen und verhandlungsmäßiges Abwägen gab, bei dem nicht gleich mit offenen Karten gespielt werden konnte. Zum anderen war es der Umgang des untertänigen Bürgers mit der kaiserlichen Staatsbehörde. Der Untertan musste herausfinden, ob und zu welchen legalen oder illegalen Bedingungen der allmächtige Beamte bereit war, eine Genehmigung herauszurücken, ohne dabei offen von Korruption zu sprechen. Es galt der Schein: Vurschrift is Vurschrift. Hatte der Untertan sich mit einer Andeutung vorgewagt, musste er jederzeit in der Lage sein, sie wieder zurückzuziehen, ins nicht ernst Gemeinte zu kippen und mit „karnevaleskem Lachen" zu neutralisieren, wenn der Beamte nicht mitzog. Der Bürger musste sich also mit großer Sprachgewandtheit jederzeit glaubhaft vom braven Bürger zum Kriminellen und wieder zurück verwandeln können. Dabei hatte er es mit einem professionellen Gegenüber zu tun, denn die Staatsdiener der Monarchie wurden ihrerseits in der Ausbildung zu Beamten im Fach der „doppelten Rede" akademisch geschult. Der Staat selbst hat seine Bürger systematisch ausgetrickst.

Wenn der Wiener Schmäh nicht funktioniert, wird es freilich finster. Wenn es den Gegenspielern nicht gelingt, zu einem ausverhandelten Ergebnis zu kommen und sie gezwungen sind, die tastende, verbale Annäherung abzubrechen, reagiert der Wiener gern mit Aggression. Gegen seinen „Kontrahenten" oder gegen sich selbst. So kann die Psychologie des Wiener Schmähs Erklärungsansätze liefern, warum der so liebenswürdig gemütliche, gast- und fremdenfreundliche Wiener plötzlich so eingedunkelt war, als es darum ging, Wien von Juden zu säubern. Warum es plötzlich so eine „Hetz" war, den straßenwaschenden Juden johlend von Gasse zu Gasse zu folgen, was im Kapitel über den Wiener Schmäh beschrieben wird. Und die Geschichte des spezifischen Wiener Antisemitismus macht nachvollziehbar, warum selbst Adolf Hitler erst in Wien zu einem Antisemiten wurde, wie er in „Mein Kampf" glaubhaft schreibt. Berlin hat ihn zwar zum „Führer" gemacht, dafür musste Wien ihn erst einmal zum Antisemiten machen.

Der Wiener ist ein facettenreiches Mischwesen, an dem manches auch falsch verstanden wird. Im Gegensatz zu manchen Klischees gilt er unter Kennern weder als faul noch von kollektivem Charme gekennzeichnet und ebenso wenig hat er eine genießerische Sehnsucht nach dem Tod. Der Wiener definiert sich mitunter selbst gern und gut über den Unterschied zum Deutschen. Er ist das, was ihn zu einem Nichtdeutschen macht. Wien war selbstverständlich nie eine deutsche Stadt. In den innenpolitischen Vielvölker-Reibereien der Monarchie war es die deutschsprachige Gesellschafts-Elite, die aus Wien mit allen Mitteln eine deutsche Stadt machen wollte, um ihren Einfluss zu sichern.

„Da Wiener waß net, wer a is", sagt der frühere Innenminister Karl Blecha.

Wie soll er auch? Man muss sich das einmal vorstellen: Er hat sich von den Habsburgern und der Kirche bis zur Revolutionsunfähigkeit umklammern und von der Beamtenschaft des Kaisers in einen Verein von Untertanen verwandeln lassen, der sich anstatt persönlicher Freiheitsrechte mit den Schnörkeln des Barock abspeisen ließ. Er hat sich in den Ersten Weltkrieg treiben lassen, in einen besinnungslosen antisemitischen Blutrausch, in den Anschluss an Deutschland, in den Zweiten Weltkrieg, in den totalen Zusammenbruch, in Entwurzelung und Identitätsverlust. Innerhalb weniger Jahre ist er vom Weltreich-Bürger in die Bedeutungslosigkeit gestürzt; gemeinsam mit seiner Reichshauptstadt, die plötzlich viel zu groß geworden war für das amputierte Reich, das zu einem winzigen Landstrich geschrumpft war. Der Wiener kann gar nicht wissen, wonach er sich richten soll. Wien ist eine abgestürzte Stadt, vielleicht die schönste abgestürzte Stadt der Welt. „A schene Leich".

Noch schwieriger wird sein Los durch den Umstand, dass ihm das alles bewusst ist, dass er „eine gewisse Einsicht in die Absurdität seines Daseins" hat, wie der psychoanalytische Kulturkritiker Felix de Mendelssohn sagt. Der Wiener weiß mehr, als bekömmlich ist, weil er in seinem multiethnischen Wien viel über Menschen und über sich selbst gelernt hat.

De Mendelssohn wundert sich kein bisschen darüber, dass Wien zu einer Hauptstadt für Geheimagenten geworden ist und nennt diese Stadt einen „Ur-Ort der Geheimnisträgerei". Was Geheimdienstler professionell betreiben, gedeiht in der Wiener Volkskultur seit Langem von selbst: die Geheimhaltung eigener Verhältnisse, das Herauslocken der Geheimnisse des anderen mittels einer triebhaften Neugier und das scheibchenweise „Weiterverkaufen" dieser Informationen gegen gesellschaftlichen Profit. Sigmund Freud habe deutlich gemacht, dass jedes Geheimnis einen sexuellen Ursprung habe. Geheimsexuelle Verhältnisse seien daher seit jeher auch das Kernthema im Wiener Tratsch. Und der sei „einfach die Lieblingsbeschäftigung dieser Stadt", wie de Mendelssohn weiter hinten ausführt.

Im Folgenden sollen nun einige Porträts von echten Wienern veranschaulichen, auf welch natürliche Weise sie „agentisch" gestrickt sind, ohne Geheimagenten zu sein.

2 | Der mit dem Schmäh tanzt
Karl „Charly" Blecha über die Innereien
der Wiener Gerissenheit

Karl „Charly" Blecha ist ein echter Wiener: Seine Neugier kommt als charmante Interessiertheit; er ist schlagfertig, gerissen, gastfreundlich, umtriebig, weltoffen, doppelbödig. Während er spricht, schweigt etwas in ihm. Und er beobachtet die Wirkung seiner Worte genau. Beim Heurigen besingt er den Tod: „Verkauft's mei G'wand, i foa in Himmel". Für ihn, 1933 geboren, haben schwere Zeiten etwas Schönes. Da wirkt der Wein, da hilft der Schmäh, man spürt das Leben. Charly Blecha beherrscht den Wiener Schmäh virtuos. Er liebt ihn, er lebt ihn, er identifiziert sich mit ihm. Er ist ein großes Beispiel für die Wiener Basar-Intelligenz.

Zwischen 1983 und 1989 war Blecha österreichischer Innenminister. Am 27. Dezember 1985 verübten palästinensische Terroristen der Gruppe Abu Nidal, die von Syrien aus operiert hatte, einen Anschlag auf den Schalter der israelischen Fluglinie ELAL am Wiener Flughafen Schwechat. Am nächsten Tag saß Blecha im Flugzeug. Ziel: Damaskus, Syrien. Da brauchte es keine großen Vorbereitungen, reiste er doch nur zu syrischen Geheimdienstlern. Er hatte seit vielen Jahren ein dichtes Kontaktnetz zu den Geheimdiensten der arabischen Welt aufgebaut. Schon als Jungsozialist hatte er bei diversen Kongressen Leute kennengelernt, die später in einflussreiche Positionen gelangt waren: „So haben wir viele Informationssteine bekommen, die man dann zu einem

Mosaik zusammenfügen konnte", sagt er, „wir hatten von allen europäischen Staaten wahrscheinlich das beste Netzwerk im arabischen Raum".

Blecha wusste, wie man den Arabern kommen muss. In Damaskus schlug er einen Ton aus beleidigter Sachlichkeit und brüderlicher Aggression an. Seine Freunde vom syrischen Geheimdienst ließen ihre schwarzen Schnauzbärte hängen und blickten betreten zu Boden. Den Tee, den sie ihm serviert hatten, rührte Blecha nicht an. Wollt ihr alles kaputt machen? Mit solchen Aktionen macht ihr es uns unmöglich, eure Sache in Europa zu vertreten. Sind wir Freunde oder nicht?

Das zeigte Wirkung: Wenige Tage später erging die Anordnung Syriens an die Abu-Nidal-Gruppe, das Land zu verlassen. Sie sei mit sofortiger Wirkung unerwünscht. Abu Nidal räumte die Niederlassung in Syrien und zog nach Tunis. Blecha: „Dass die gehen mussten, hat damit zu tun, dass man dort darstellen konnte, welchen Schaden so ein Anschlag bei der Rolle anrichtet, die Österreich spielt. Was das bedeutet, wenn man ein Land so attackiert, das alles für die Entspannung tut. Und dass sie, die Araber, letztlich die Verlierer sind. Ausgelöst von einer Mörderbande gegen einen Freund, der sie jahrelang unterstützt."

Blecha aber war noch nicht fertig. Im Anschluss an Damaskus flog er nach Kairo, um Geheimdienstler zu treffen. Dann ging es nach Tunis zur PLO und schließlich nach Teheran. Überall Bekannte aufsuchen, die mehr wissen als die Polizei.

Zwölf Jahre davor war der internationale Terrorismus erstmals nach Österreich gekommen. Die Protagonisten dieser Aktion sollten dem Wiener Schmäh direkt in die Falle gehen.

Anfang der 1970er-Jahre hatten sich palästinensische Terror-Gruppen formiert und die Zivilluftfahrt zu einem Primärziel gemacht. Diesmal aber, am 28. September 1973, ging es um das jüdische Transitlager in Schönau südlich von Wien. Eine Geiselnahme sollte die Schließung des Lagers erzwingen. Der Wiener Historiker Thomas Riegler hat die Episode in allen Einzelheiten recherchiert: 70.000 osteuropäische Juden hatten seit 1965 das Transitlager auf dem Weg nach Israel passiert, nachdem sie von ihren Herkunftsländern, in den meisten Fällen die Sowjetunion, Ausreisegenehmigungen für Israel erhalten hatten. Das damit verbundene Wachstum der jüdischen Bevölkerung in Israel wurde von palästinensischer Seite als Bedrohung empfunden und sollte gestoppt werden. Um eine Schließung des Lagers Schönau zu erzwingen, bestiegen zwei PLO-Mitglieder unmittelbar hinter dem Eisernen Vorhang unbemerkt einen Zug, der voll besetzt mit russischen Juden auf dem Weg nach Schönau war. Bei der Ankunft am Grenzübergang in Marchegg hatten sie bereits sechs Geiseln genommen, eine davon war der österreichische Grenzpolizist Franz Bobbits, der den Zug begleitet hatte. Zwei der Geiseln, einer Mutter mit ihrem kleinen Sohn, gelang am Bahnhof die Flucht.

Was dann folgte, war österreichisches Real-Kabarett mit todernstem Hintergrund: Die in Marchegg anwesenden Gendarmen, vom Ernstfall überfordert, hatten das Bahnhofsgelände zwar abgeriegelt. Doch offenbar nicht ganz. Die zwei Terroristen kaperten einen Kleinbus und fuhren mit den verbliebenen vier Geiseln davon. Der Grenzpolizist Bobbits musste den Wagen lenken. Gendarmen sprangen in einen Einsatzwagen und nahmen die Verfolgung auf, doch bald war Endstation: Das Fluchtauto schaffte es gerade noch über eine Bahnübersetzung, bevor sich die Schranken senkten. Die Verfolger blieben hängen. Der Geisel-Bus fuhr Richtung Wien, bog bei Schwechat zum Flughafen ab und gelangte dort ohne Probleme bis hinaus auf die Rollbahn. Die Terroristen wiesen den Fahrer an, auf zwei abgestellte Maschinen zuzusteuern. Da schnitt ihnen ein Wagen des Flughafendienstes den Weg ab. Jetzt stand alles.

Die allzu große Anzahl angerückter Entscheidungsträger der Einsatzkräfte sorgte nicht eben für professionelle Besonnenheit bei der Operation, sondern sie gerieten sich bei Kompetenz-Streitigkeiten in die Haare. Sogar zwei Psychiater wurden angefordert, die nach ihrer Fernanalyse zur wenig hilfreichen Ansicht gelangten, die beiden Araber stünden unter Drogeneinfluss.

Sicherheitskräfte brachten sich überall in Stellung und sperrten das Gelände ab. Offenbar wieder nicht ganz: Von irgendwoher tauchte plötzlich ein betrunkener Zivilist mit einer umgeschnallten Pistolen-Tasche auf und torkelte direkt zum Geisel-Bus, wo er sich den Terroristen als „Hauptmann Soherr" vorstellte. Die PLO-Leute, ob unter Drogeneinfluss oder nicht, dürften wenig Klarheit darüber gehabt haben, was hier vor sich ging. Sie wussten zwar, dass sie sich in Österreich befanden, aber wohl nicht, was das bedeutete.

Dieser Zustand verbesserte sich kaum, als sich ein nahe am Bus in Stellung gebrachter Polizist direkt an die Terroristen wandte und ihnen zu verstehen gab, sie hätten es in der Hand, ihn, den Polizisten, „zum berühmtesten Österreicher, zumindest für 24 Stunden, zu machen" und ob sie nicht Lust hätten, ihm diesen Gefallen zu tun.

Einer der Terroristen, der damals 27-jährige Mahmoud Khaidi, kniff die Augen zusammen. Deshalb war er zwar nicht nach Österreich gekommen, schien aber nicht grundsätzlich abgeneigt. Sein Interesse war jedenfalls geweckt. Er fragte, was er dafür tun müsse. Die Antwort des Polizisten: „Geben Sie mir Ihre Handgranaten und die anderen Waffen und steigen Sie aus."

Für die beiden Geiselnehmer sollte es an diesem Abend noch dicker kommen. Denn jetzt bekamen sie es mit Bruno Kreisky zu tun, einem Großmeister der strategischen Wiener Falschheit.

Kreisky ließ den Terroristen ausrichten, sie hätten gewonnen. Ihre Forderungen würden erfüllt. Punkt. Es werde zu einer „sukzessiven Reduzierung des Judentransportes" kommen und die „Unterbringungen im Lager Schönau werden eingestellt." Die Terroristen wurden aufgefordert, ihre Geiseln freizulassen, vom Angebot der Republik Österreich auf freies Geleit Gebrauch zu machen und abzufliegen.

Die Geiselnehmer müssen etwas gerochen haben, doch taten sie das Einzige, was sie nun noch tun konnten: Sie erklärten sich bereit, ohne Geiseln abzufliegen. Kreisky besorgte in Graz ein kleines Flugzeug und weg waren sie.

Das, was versprochen worden war, wurde auch eingehalten. Aber nur genau das. Die Araber hatten sich nicht klar genug ausgedrückt und auch nicht ganz genau zugehört: Man hatte zugesagt, Schönau zu schließen. Aber es war keine Rede davon, das Transitlager gleich am nächsten Tag nicht anderswo wieder zu eröffnen. Schönau wurde wie zugesagt tatsächlich geschlossen. Doch die Unterstützung der zionistischen Bewegung ging weiter und erreichte erst danach ihren Höhepunkt. Jetzt ließ man die jüdische Emigration eben über Wöllersdorf und dann Kaiserebersdorf laufen. Historiker Thomas Riegler: „Alles ging weiter. Und das stärker als je zuvor."

Karl Blecha freut sich heute noch diebisch über den Coup. Anfangs bei den Verhandlungen sei es allein um die Befreiung der Geiseln gegangen, erklärt er die Strategie. Da habe man bewusst noch nicht ins Treffen geführt, dass der Judentransfer über Österreich für die Araber auch Vorteile haben könne. Die positive Auslegbarkeit habe man sich quasi als Beruhigungsmittel für später aufbewahrt. Bei den Verhandlungen sei festgelegt worden, den Transfer abzubrechen: „Aber wir haben ihn nicht abgebrochen. Also mussten wir denen nachträglich erklären, dass das eigentlich kein Bruch der Vereinbarung war. Wir haben gesagt, schaut's her, wenn die Juden über Österreich kommen, dann habt ihr immer einen Überblick. Ihr wisst, wann wie viele woher kommen. Das ist doch besser, als wenn sie über Rumänien gehen, da erfahrt ihr gar nichts."

Punkt zwei war, den Arabern bewusst zu machen, dass man zu ihrem Vorteil auch beeinflussen könne, in welche Richtung die aus Russland kommenden Juden von Österreich aus weiterreisten. So könne der Zustrom nach Israel geringer ausfallen. Blecha: „Wir haben gesagt, hört's zu, in einem freien, demokratischen Land wie Österreich kann man diese Leute darüber aufklären, dass sie auch anderswohin reisen können. Sie müssen ja nicht unbedingt nach Israel, man kann auch in die USA." Das hätten weder die Israelis noch die Russen goutiert: „Die Israelis haben in ihren öffentlichen Stellungnahmen nicht sehr deutlich gemacht, dass sie sich ärgern, aber es gefiel ihnen nicht, dass die jüdischen Sowjetbürger mit ihrer Genehmigung, die Sowjetunion nur zu verlassen, um nach Israel zu reisen, auch anderswohin konnten." Doch man habe den russischen Juden erklärt, dass die Sowjetunion keinen Zugriff mehr auf sie habe, weil sie sich im freien Österreich befänden und hier niemandem vorgeschrieben werde, wohin man reisen solle. „Die Russen waren angefressen, die ham g'sagt, na, des san de Österreicher, die des ermöglichen."

Nur gerissene Hunde bleiben in derart heiklen Situationen unbeirrt bei ihren Tricks. Man kann über Karl Blecha und seine Freunde sagen, was man will, man kann Blecha vorwerfen, in manchen Verbindungen mit der internationalen Geheim-Gesellschaft Haare gelassen zu haben, wie in der Causa Noricum. Doch diese Wiener Natur-Agenten haben für dieses Land vieles geleistet, von dem heutige Amtsträger nicht einmal träumen können. Historiker Riegler: „Die trickreiche Politik von Kreisky und Co hat den Terror weitgehend von Österreich ferngehalten". Die wenigen Fälle, in denen doch etwas passiert ist, könnte man als etwas wie Betriebsunfälle verstehen, die im nicht gänzlich kontrollierbaren, heißblütigen Chaos palästinensischer Befreiungs-Hysterie passiert sind, für die sich praktisch die ganze arabische Welt bei Österreich entschuldigt hat.

Was den Umgang Österreichs mit der islamischen Welt betrifft, hätte sich das gesamte Abendland etwas abschauen können. Dann gäbe es den Kulturkrieg zwischen der islamischen Welt und dem Abendland in dieser Form vielleicht gar nicht. Denn einer der Kerne dieses Konfliktes scheint im Vergleich zur Komplexität des Problems sehr einfach zu sein: Arroganz und Respektlosigkeit der Abendländer gegenüber dem Wissen und der Kultur der arabischen Welt. Im Grunde sind die Araber schlicht beleidigt. Aber wer sie kennt, weiß, dass Respekt ein Heilmittel ist. Das ist weniger naiv, als es klingt.

Kaiser Franz Joseph I. hat das bewiesen. Er war es, der die besondere Freundschaft zwischen der islamischen Welt und Österreich ursprünglich initiiert hat, als er dafür sorgte, dass Österreich 1912 als erstes Land der Welt und Jahrzehnte vor allen anderen den Islam rechtlich anerkennt und den Anhängern dieser Religion Selbstbestimmung zusichert. Schon am 5. Juni 1909 hatte sich der Ministerrat der österreichisch-ungarischen Monarchie in einem Ministervortrag an Franz Joseph I. mit Vorbehalten gegen den Islam in bemerkenswerter Weise auseinandergesetzt. Da heißt es: „Wenn auch manches an der Religion Mohammeds dem abendländischen Kulturbewusstsein fremd gegenübersteht, kann wohl mit Recht behauptet werden, dass die sittlichen Grundgedanken des Islam sich keineswegs in einem ausschließlichen Gegensatz zu den moralischen und ethischen Anschauungen des Okzidents befinden. Die islamischen Schriften enthalten Gedanken, denen auf vielen Gebieten Großartigkeit und Tiefe, Weisheit und Poesie nicht abgesprochen werden kann."

Die Anerkennung des Islam mag in erster Linie ein Stück Vielvölker-Politik der Monarchie gewesen sein, weil es darum ging, den islamisch-bosnischen Armee-Angehörigen gleiche Rechte zu geben. Doch in Zeiten des globalen „Clash of Civilizations" entpuppt sich diese Weitsicht als großer politischer Genie-Streich. Dabei hat Franz Joseph I. nichts weiter gemacht, als Respekt gezeigt vor dem, was die Anhänger des Islam glauben. So einfach ist das. Und völlig kostenlos.

Karl Blecha unterschreibt das alles. Über den diplomatischen Umgang mit Arabern sagt er: „Anerkennung ist extrem wichtig und Respekt absolut unerlässlich. Das muss man dem Araber vermitteln können. Er muss den Eindruck haben, dass man ihn voll ernst nimmt und dass man auf gleicher Augenhöhe ist. Das ist dort aus zwei Gründen sehr wichtig: Auf der einen Seite neigt auch der arabische Mensch dazu, den anderen nicht ganz gleichwertig zu sehen. Auf der anderen Seite, etwa in Europa, hat er den Eindruck, selbst nicht als gleichwertig gesehen zu werden. Von Anfang an muss man daher sicherstellen, dass man auf gleiche Augenhöhe kommt. Man muss ihm Anerkennung zollen. Der arabische Mensch ist sehr erpicht darauf, anerkannt zu sein."

Das Zweite betreffe die blumige Ausdrucksweise, die bei nichtarabischen Gesprächspartnern eher weniger ankomme. Wenn er mit einem Deutschen verhandle „und i tua da herum G'schichtln erzählen, is des weniger passend. Bei den Arabern ist das gut und wichtig." Diese blumige, ausholende Ausdrucksweise sei „sehr schön, doch der Wiener Schmäh ist mehr als das. Der ist scharf, der hat Pfeffer."

Und man müsse wissen, dass für arabische Verhandlungen Zeit benötigt werde: „Beim Araber weiß man, da wird man sich wieder treffen müssen. Da tut man so, als hätte man schon etwas erreicht, hat aber den nächsten Termin schon im Hinterkopf." Als Österreicher habe man gegenüber Deutschen große Vorteile im Gespräch mit Arabern, weil der typische Deutsche nicht auf das Arabische eingehe. „Der Araber weiß sehr gut, dass da Nemsi (arabisch für Österreicher, Anm. d. A.) a anderer is als der Alimani".

„Kara ben Nemsi" (Karl von Österreich) Blecha hat früh gesät, schon als Student arabische Länder bereist und mehrmals die Sahara durchquert. „Ich hatte immer schon eine Vorliebe für den arabischen Raum, später auch für Lateinamerika. Damals hat es schon sehr viele Kontakte gegeben. Ich war dabei, wie die kommunistischen Weltjugendspiele organisiert worden sind. Das war eine riesige Sache. Die Veranstalter haben sich bemüht, die Vertreter aus arabischen Ländern nach Wien zu bekommen. Wir haben da ein Solidaritätsfestival gemacht, wo alle zusammengekommen sind und wo wir den Kampf gegen Kolonialherrschaft unterstützt und auch klargemacht haben, dass auch die Sowjetunion koloniale Interessen hat. Und dass wir eigentlich die sind, denen ehrliche Entkolonialisierung ein Anliegen ist. Und da habe ich viele Leute kennengelernt, die später in wichtige Positionen gekommen sind. Ich war als Vertreter der Österreichischen Hochschülerschaft da und dort, auch in Schwarzafrika bei Kongressen, und habe überall Leute kennengelernt. Ich habe in all diesen Ländern Partner gehabt, die etwas für mich gegenchecken und sagen konnten, du, pass auf, dieser oder jener ist jetzt Geheimdienst-Chef, der funktioniert so und so, du musst dies und jenes berücksichtigen. Dann geht's schon. Meine Freunde haben immer gewusst, wie der zu behandeln ist, wenn ich es nicht selber gewusst hab'." Dann sei er immer gut vorbereitet diesen Leuten gegenüber gesessen: „Man hatte ein komplettes Dossier und man weiß, der kennt mich genauso gut wie ich ihn, obwohl wir uns noch nie gesehen haben."

Dass sich das Wiener Wesen Karl Blecha im Umgang mit unbekannten Geheimbeauftragten fremder Länder so wohl fühlt, vermittelt auch eine Ahnung, warum sich Geheimbeauftragte fremder Länder umgekehrt in Wien so wohl fühlen. So wohl, dass sie nicht mehr wegwollen, nicht einmal nach ihrer Pensionierung. Blecha kennt diese Leute auch in Wien: „Ich weiß persönlich, dass viele unglücklich waren, wenn sie versetzt wurden, etwa nach Prag. Ich habe ja viele Freunde in solchen Kreisen gehabt. Die haben so was von geklammert, wenn sie verlegt wurden. Und nicht nur die Leute der verschiedenen (Anm.: Geheim-) Dienste, auch die aus den Botschaften und Konzernen."

Dass die Wiener Geheimdienst-Mentalität ein einzigartiges Privilegien-Netz für Spione bereithält, das beispielsweise der Oberste Gerichtshof Spionage schon in den 50er-Jahren für nicht strafbar erklärt hat, findet Blecha hervorragend: „Das perfektioniert das Ganze. Kummt's alle her, mocht jo nix. Tummelt's eich, tauscht's eich aus." Blecha hebt den Zeigefinger: „Nur ans: Umbringen dürft's eich net bei uns. Ihr dürft's bei uns keine Gesetze verletzen. Net dass glaubt's, ihr könnt's do Leit kidnappen und außezahn. Weil dann is aus. Dann hör ma auf. Und scho gar net österreichische Geheimnisse, wie Wirtschaftsgeheimnisse ausspionieren. Dann samma fertig. Aber was ihr sonst umeinander redet's, an Informationen beschafft's, ka Problem. So is dés bei uns."

Blecha findet es ganz normal und richtig, dass Stasi-Chef Markus Wolf 1991 bei seinem Besuch in Wien hofiert statt verhaftet wurde. „Folgendes: Unsere Behörden waren von der Mentalität her immer daran interessiert, etwas zu bekommen. I will ja was haben von dem. Also muss ich ihm auch was geben. Wenn ich ihn gut behandle, werde ich von ihm mehr erfahren, als wenn ich ihn einsperre und stundenlang befrage. Da kommt nix raus."

Beim Erklärungsversuch der Wiener Seele gibt er „dem Wiener Schmäh eine sehr große Bedeutung". Blecha punktgenau: „Der Wiener hat ein Übermaß an Neugier. Er tritt ja dem Fremden deshalb so freundlich gegenüber, weil er viel von ihm wissen will. Wenn i net mit mein Schmäh komm, erfahre ich nichts. Die Neugier ist die Triebfeder. Und der Wiener weiß auch, wenn er jetzt noch mehr von dem erfahren will, muss er ihm auch etwas geben. Und er erzählt ihm auch erfundene Geschichten. Der Schmäh wird perfektioniert, weil ich ja etwas erfinde." Aber Vorsicht: „Die Geschichten dürfen ja nicht wie erfunden ausschauen. Daher ist das eine Kunst." Die Aufmerksamkeit des Gegenübers müsse zunächst einmal „okkupiert" werden. Dann müsse man schauen: „Lacht der jetzt mit oder fühlt er sich betroffen? Aber den eigentlichen Zweck von dem Ganzen, dass man in der Verhandlung weiterkommt, den bemerkt er gar nicht."

Charly Blecha gibt ein Beispiel, wie es nicht geht: Der österreichische Fußballer Marko Arnautovic wird auf einer deutschen Autobahn von der Polizei wegen Schnellfahrens angehalten. Arnautovic gibt laut Medienberichten selbstsicher zu verstehen, dass er ein Fußballstar sei und muss blechen. Blecha: „Das ist das Allerschlimmste. So quasi, wer bist du und wer bin i. Der Wiener Schmäh macht das ganz anders: ‚Aber Herr Inspektor, heit, wo die Vogerln so schen singen und der Kirschbaum bliaht – und sie san so a strenger Herr ...'"

Zur These der „inneren Neutralität" des Wieners, seiner nur scheinbaren, aber sehr zweckmäßigen Unparteilichkeit und dem suggerierten Verständnis für alles und jedes sowie zu seiner „Basar-Intelligenz" sagt Blecha: „Ja, das war mit Sicherheit so. Das ist sehr gut beschrieben. Diese Dinge sind aber aufgrund der massiven Veränderung der Bevölkerung nicht mehr so stark ausgeprägt, weil die Hälfte der Wiener keine Wiener mehr sind." Früher habe der Wiener Humor eine Relevanz gehabt, die bis in Überlebensfragen hineinreichte: „Wien ist heute eine sehr gut funktionierende, lebenswerte Stadt. In vielen Umfragen gilt Wien sogar als lebenswerteste Stadt der Welt. Der Müll geht weg, die Post kommt, wenn man den Wasserhahn aufdreht, fließt sauberes Wasser. Das war nicht immer selbstverständlich. Wir haben verschiedene Phasen der Entwicklungen gehabt, aber funktionierende Versorgung ist immer im Mittelpunkt gestanden. Das hat beim Lueger (Karl Lueger, von 1897 bis 1910 Wiener Bürgermeister, Anm.) angefangen, wo Wien die viertgrößte Stadt des Kontinents war. Dann kam das Rote Wien, wo die soziale Komponente in einem Ausmaß berücksichtigt wurde wie nirgendwo sonst in Europa. Dann das Zwischenspiel des Faschismus, die Zerstörung. Das hat natürlich Rückschläge gebracht. Ich spreche als einer, der diese Zeit bewusst erlebt hat, als 12-Jähriger war man damals so erwachsen wie heute ein 18-Jähriger. Durch diese entsetzliche Zeit des Faschismus, den Krieg, die Bombennächte, den Zusammenbruch hat es ein Zusammenhalten gegeben. Man hat sich gegenseitig geholfen und versucht, in der schwierigsten Zeit etwas zu bewahren, was in anderen Kulturen nicht so üblich ist: Humor. Wenn es einem ganz schlecht geht, findet man noch immer einen Wortwitz, etwas, worüber man noch immer ein bisschen lachen oder etwas lächerlich machen kann. Das hilft einem, über die besonderen Klippen von Rückschlägen zu kommen. Das wurde im Wien früherer Zeit vermutlich auch schon so gemacht. Im Wien der schrecklichen Arbeitslosigkeit, der Nazis, der Verfolgung. Ich habe erlebt, in der unmittelbaren Nachkriegszeit, als man die Trümmer weggeräumt hat, als man fast nichts zum Essen hatte, wie man dann hamstern gegangen ist in die umliegenden Dörfer, mit der Uhr vom Großvater. Aber der Schmäh is g'rennt. Das hat eine Leichtigkeit bewirkt, nicht alles so todernst zu nehmen. Mit Lustigkeit über etwas hinwegkommen, das ist auch Wiener Schmäh. Ich glaube, das ist anziehend für Menschen, die aus anderen Kulturen kommen."

Wobei der Wiener selbst aus einer „anderen" Kultur kommt. Während man in Westösterreich zwar ausführlich über Verstorbene spricht, findet sich kaum jemand, der sich mit dem Tod selbst befasst. Der Wiener aber lebt mit ihm, er scherzt mit ihm, er umgarnt ihn. Und der Tod ist für den Wiener ein letzter Trumpf: Wenn die pompöse Begräbnis-Prozession in Richtung Zentralfriedhof zieht, dann werden die Hinterbliebenen, die ihn zu Lebzeiten vielleicht ein bisschen verkannt haben, schon sehen, was sie an ihm verloren haben. Blecha: „Der Wiener hat eine selbstverständliche Beziehung zum Tod. Den gibt es halt einfach. Und daher besingt man ihn auch oft. In anderen Kulturen verdrängt man ihn. Das slawische Element in Wien hat dazu beigetragen, dass der Tod etwas Gegenwärtiges ist. Das ist sehr bereichernd. Was geradezu Kult wurde, sind die Begräbnisse, der Pompfüneberer, da muss paradiert werden. Der Wiener liebt den Tod, das Sterben, das Traurige. Das gehört zur Wiener Mentalität. Das ist nichts Alpenländisches, nichts Germanisches, das ist slawisch. Hören Sie sich diese schönen Melodien in diesen Ländern an, dieses schwermütige Gejammer. Aber der Wiener macht sich gleichzeitig auch wieder lustig darüber. Genau deshalb ist der liebe Augustin so populär. Der liegt zwischen Pesttoten herum, aber es passiert ihm nichts. Der kommt da wieder raus."

Aber bei aller Lebens- und Überlebenskunst fehle es dem Wiener an Identität: „Der Wiener weiß nicht, was er ist. Die Aussage ‚Wien bleibt Wien' ist auch eine gefährliche Drohung." Der Identitätsverlust sei primär eine Folge des Zusammenbruchs des alten Österreich, hauptsächlich durch die beiden Weltkriege. Der Umgang mit den Juden sei eines der finstersten Kapitel und zeige die Schattenseiten der Wiener Seele: „Man hatte den Antisemitismus aus der Monarchie übernommen. Wobei der jüdische Wiener für mich der klassische Wiener war, weil der hat den Schmäh oft noch besser beherrscht. Er hat ihn immer wieder mit neuen Facetten bereichert. Man hat auch den jüdischen Händler gern gehabt, wo man gewusst hat, jetzt dreht er mir etwas an, was wahrscheinlich gar nicht so viel wert ist. Aber alleine, dass er so klass red't und dass er mir einen Witz erzählt, war es das schon wert." Vor den napoleonischen Kriegen habe es in ganz Europa Pogrome gegeben. Aber danach sei die jüdische Bevölkerung Wiens in keiner Weise mehr beeinträchtigt und ein wichtiges Element der Kulturhauptstadt Wien gewesen: „Das Wienerische ist voller jüdischer, aus dem Hebräischen stammender Ausdrücke, bis hin zum Haberer. Und dann kommt so a Lemure wie der Hitler und sagt, ich hab' mir die angeschaut, die mit dem Kaftan und so weiter. Die schauen ganz anders aus und die sind ganz anders. Die gehören eigentlich nicht zu uns."

3 „Der, der pinkelt, ist immer der Übernehmer"
Wie Alfred „Django" Rupf den Agenten-Jahrmarkt am Wiener Flughafen dirigierte

Im Jahr 2010 fand der größte Agentenaustausch zwischen Amerikanern und Russen seit dem Kalten Krieg statt. Welchen Ort wählten die beiden Supermächte für die gegenseitige Übergabe der geschnappten Spione?

Wien.

Am Vormittag des 9. Juli 2010 landen eine amerikanische und eine russische Maschine wenige Minuten hintereinander am Flughafen Wien-Schwechat. Die Militärmaschine aus Moskau bringt vier US-Spione, die amerikanische „Vision Airlines" zehn russische. Die Inszenierung läuft schnell und auffallend unauffällig ab: Ohne Erklärungen, ohne Formalitäten und scheinbar ganz ohne Protokoll huschen einige geduckte Gestalten hin und her und nach wenigen Augenblicken ist der Spuk vorbei.

Der Beobachter fragt sich: Warum fliegen sie nicht gleich nach Moskau und New York, wo sie eigentlich hinwollen? Warum fliegen sie Tausende Kilometer Umwege, um extra nach Wien zu gelangen? Könnte man nicht auf jedem Flughafen der Welt ein paar Passagiere umsteigen lassen? Und gebe es nicht auch noch die Möglichkeit, dass die geschnappten und wieder freigelassenen Spione von dort, wo sie sind, einfach nach Hause fliegen? Liebt man einfach nur die hollywoodeske Inszenierung vor den Kulissen einer imageträchtigen Stadt? Oder ist Wien auf irgendeine Weise ein besonderer Austausch-Flughafen?

Sicher ist, dass Wien-Schwechat tatsächlich ein ganz besonderer Austausch-Flughafen war und noch immer ist. Vermutlich wurden auf keinem anderen Flughafen insgesamt so viele Geheiminformationen ausgetauscht wie in Schwechat. Das eigentliche Zentrum der Agenten-Hochburg Wien war nicht die Stadt selbst, sondern ihr Flughafen. An keinem anderen Platz in Wien gab es einen derart dichten Agentenverkehr wie in seinem Transitbereich. Da verging kein Tag, an dem sich nicht zahlreiche Geheimdienstler unterschiedlicher Organisationen tummelten wie in einem großen Kompetenz-Zentrum. Viele, die geflogen kamen, ersparten sich mit dem Kurzaufenthalt im Transitbereich die Einreise und konnten gleich wieder weiterfliegen, ohne sich zu identifizieren. Wer von den Geheim-Gästen dennoch in Österreich einreisen musste, aber Wert darauf legte, dass seine Einreise in der Folge geheim blieb, für den hatte die Republik Österreich einen besonderen Service parat: Man drückte den Einreisestempel nicht in den Pass, sondern auf ein Beiblatt, das bei der Ausreise wieder entfernt wurde. Die Österreicher wären schlechte Gastgeber gewesen, hätten sie ihren besonderen Gästen keine lästigen Hindernisse aus dem Weg geräumt.

Dennoch zogen es viele Geheimagenten vor, sich gleich am Flughafen mit ihren Kontaktleuten zu treffen, sich auszutauschen und umgehend weiterzufliegen, oft auch gemeinsam. In Wien ansässige Kontaktleute hatten mit einem Diplomatenpass jederzeit freien Zugang zum Transitbereich, auch wenn sie gar nicht fliegen wollten. Die direkte persönliche Übergabe von Botschaften wurde dennoch vermieden. Man zog es vor, die verschlüsselten Informationen in den WC-Anlagen des Transitbereiches zu hinterlassen. Der Grund für diese unnötig scheinende Geheimniskrämerei war weniger die österreichische Behörde, sondern die Spionage-Konkurrenz. In diesem Transitbereich befanden sich immer auch zahlreiche Agenten der Spionage-Abwehr, die keine Informationen übergeben oder übernehmen wollten, sondern nur beobachteten, wer sich mit wem traf und austauschte. Der sogenannte „Krieg der Spione" war kein Krieg zwischen Spionen, sondern ein Krieg der Spionage-Abwehr. Schwechat war eine offene Agenten-Szene.

Über der geschäftigen Zusammenrottung von Beobachtern und Gegenbeobachtern stand ein Ober-Beobachter, der jederzeit bequem Zugriff auf alle Seiten hatte: Alfred „Django" Rupf, seit 1965 bei der Flughafen-Polizei und von 1973 bis 2008 deren Chef. Rupf ist ein intimer Kenner des „österreichischen Weges" und ein ausgekochter Virtuose in Sachen Wiener Schmäh. Als „Vollblut-Kieberer", der ständig mit Geheimagenten zu tun hatte, ist er ein besonderes Beispiel für das natürliche Spionagetum des „echten Wieners": Es dürfte europaweit keinen Beamten geben, der dermaßen viele Geheimagenten aus aller Welt zu seinen Freunden zählen durfte, wie Rupf. In der österreichischen Behörde wurde er deswegen misstrauisch beäugelt und insgeheim beneidet, im Ausland nur beneidet. Mit wie vielen Spionen er befreundet war, weiß er nicht mehr: „Manche kommen auch nach 20 Jahren und fragen, ob es mich noch gibt", sagt er, „besonders mit den Arabern habe ich gut können. Natürlich habe ich ihre Schwächen gekannt. Kaum habe ich einige Wörter auf Arabisch gesagt, haben die schon eine Freude gehabt. Ich hab' gewusst, wohin man mit ihnen essen gehen kann. Nicht so wie manche Botschaften, die Empfänge für Araber machen und dann Schweinefleisch servieren."

Als Polizei-Chef des Flughafens konnte Rupf sich jederzeit Agenten aus dem Transitbereich holen, sie kennenlernen, ein bisschen Gefährlichkeit verströmen, sie aber gewähren lassen, sogar ein bisschen unterstützen und dann bei Bedarf anzapfen. So konnte er die Früchte seiner Diplomatie und Handschlagqualität einfahren. Gleichzeitig konnte er sich über diese Agenten in deren

Heimatländern informieren, indem er als Polizei-Chef offiziell anfragte. Rupf hatte überall Freunde: im KGB, beim Mossad, bei der Stasi, der Mafia, den Briten, Amerikanern, Tschechen, Arabern, einfach überall. So gelangte er an viel mehr Informationen, als für einen Wiener Polizisten gut war. Denn wenn der Vollblut-Kieberer mit ihm wieder einmal durchging und er unbedingt seinen Kompetenzbereich ausdehnen musste, um sich in London oder Mailand mit der Mafia anzulegen, weihte er seinen Arbeitgeber, das Innenministerium in Wien, gleich gar nicht ein. Das war zu umständlich, zu klein war die Welt dieser Wiener Hofräte.

Einfach nur weil er über Umwege von ihren Geschäften erfahren hatte, lockte Rupf Goldräuber nach Wien, die hier gar nichts wollten, und fädelte Scheinkäufe mit Geldkoffern voller Papierschnitzel ein. Er inszenierte Verkehrsstaus und fingierte Terror-Kontrollen, um den Räubern bei ihrer Verhaftung das Gefühl zu geben, sie seien bei zufälligen Kontrollen erwischt worden. Seine Beute, Kofferräume voller mit Wolfram gefüllten Goldbarren aus Italien oder sündteure Museums-Uhren aus London, deklarierte er bei seinen Vorgesetzten und in der Öffentlichkeit als „Zufallsfunde". Rupf wusste einfach mehr, als er zugeben konnte. Als er bei einer dieser fingierten Terror-Kontrollen mit Schlapphut und einer Maschinenpistole gesichtet und fotografiert worden war, nannten ihn die Medien „Django", ohne im vollen Ausmaß zu wissen, wie richtig sie lagen. „Der Spitzname ist mir für immer geblieben", sagt er. Dass sich Geheimdienstler aus aller Welt in seiner Gegenwart wohl fühlten, scheint nachvollziehbar.

Beim Flughafenanschlag am 27. Dezember 1985 musste freilich auch er passen. Die Terroristen hatten sich nach dem Überfall auf den Schalter der israelischen Luftlinie ELAL bei ihrem Fluchtversuch verfahren und waren nicht auf die Bundesstraße bei Schwechat gelangt, sondern auf einen Parkplatz des Flughafens, wo sie von Rupfs Leuten mit einem Kugelhagel zugedeckt wurden. Rupf: „Da war Endstation. Aber ich war überrascht, weil ich im Vorfeld nichts erfahren hatte. Ich habe alle angerufen, niemand wusste etwas. Einer meiner Leute war sogar in Terroristen-Kreisen tätig, er war kein Terrorist, er hat Waffen geliefert. Aber auch er hat nichts gewusst."

Derartige Pleiten musste Rupf selten einstecken. Als der frühere Stasi-Chef Markus Wolf 1990 von Ostberlin nach Moskau geflüchtet war und in diplomatischen Kreisen ruchbar wurde, dass Wolf für 1991 eventuell eine Reise nach Österreich plane, gerieten die Nachrichtendienstler von der österreichischen Staatspolizei in Notstand. Woher sollten sie wissen, ob Markus Wolf, der ein Phantom war, von dem es nicht einmal ein Foto gab, eine Reise nach Österreich plante? Sie mussten sich an Django Rupf wenden. Das Wiener Innenministerium teilte ihm in einem Fernschreiben die Befürchtung mit, dass Wolf aus der Sowjetunion aus- und mit einem falschen Pass möglicherweise in Österreich einreisen wolle. Rupf: „I lies des Fax und denk ma: Na servas. Kana kennt den, es hat ja kane Fotos von dem 'geben. Wenn der mit einem deutschen Pass daherkommt, der marschiert zwischen den 100.000 täglichen Passagieren durch wie nix."

Rupf musste einen Freund in Moskau anrufen. Einen KGB-Agenten, den er aus dessen Wiener Zeit kannte, der aber längst zurück in das Moskauer Innenministerium verlegt worden war. Man hatte sich gegenseitig oft „geholfen" (Rupf) und weiter eine gute Beziehung gepflegt. Doch das mit dem Telefonieren war nicht so einfach, weil alle Telefone relevanter Personen abgehört wurden. Für Rupf aber kein Problem. Er erzählt: „Im Café Westend beim Westbahnhof gab es einige Nischen mit öffentlichen Telefonen, die auch von außen angerufen werden konnten. Selbst wenn sie abgehört wurden, wusste man ja nicht, wer telefonierte.

Das Café Westend hat sich deshalb zu einem echten Agententreff entwickelt. Da haben sich die Gäste gefragt: Na, was macht der von dieser Botschaft hier und der von der anderen Botschaft? Lauter Geheimdienstler, die da telefoniert haben."

Rupf musste diese sicheren Telefonate einfädeln, indem er seine Informanten kontaktierte und ihnen ein Zeichen gab, sie mögen ihn im Café Westend zurückrufen. Rupf: „Also ich ruf' von meinem Büro aus an, sag' servas, wie geht's und so weiter, ob er einmal nach Österreich kommt und so. Dann hab' ich beiläufig gesagt, für heute is Schluss für mich, jetzt fahr' i no ins Café und kauf' ma a Bier."

Alles klar. Eine halbe Stunde später läutet im Café Westend eines der Telefone für Alfred Rupf. Am Apparat: KGB Moskau.

Rupf: „Sog i: Du, i brauch' wos. Reist der Wolf nach Österreich aus?

Do sogt der: Da bist aber spät dran. Der is scho vor ana Wochn ausgereist.

Sog i: Und? Wohin?

Sogt der: Na, noch Österreich.

Sog i: Na. Mit wos'n?

Sogt der: Na, mit der OS 602, der Austrian Airlines.

Na und i frog: Mit wos für an Reiseposs?

Sogt der: Na, mit seim Reiseposs, unter Wolf.

Frog i: Is der von Wien irgendwo weiterg'flogen?

Sogt der: Na, der is in Wien eing'reist. Aber wo er in Österreich is, waß i a net."

Rupf meldete dem Innenministerium in Beantwortung des verzweifelten Fernschreibens, dass Wolf bereits eine Woche davor in Österreich eingereist sei. „Darauf ham die mi bestürmt. Die Stapo hat mich von oben bis unten einvernommen, woher i des waß und wo der Wolf jetzt is. I hab' g'sagt, des waß i net."

Für Rupf war es keine Schwierigkeit, in Kontakt mit einschlägigen Personen zu kommen: „Durch den Flughafen habe ich alle Botschafter gekannt, weil die da ja eingereist sind. Ich war auch auf sämtlichen Botschaften eingeladen. Die haben ja immer irgendwas gebraucht, wenn sie jemanden erwartet haben und verhindern wollten, dass der drei Tage steht oder gar zurückgewiesen wird. Sehr viele dieser Leute waren Geheimdienstler, die in den Botschaften stationiert waren. Es hat ja jede Botschaft Geheimdienstleute. Außer Luxemburg oder Monaco, aber sonst alle. Wie gesagt, man war ihnen dort und da einmal behilflich und bei manchen hat der Kontakt auch weiter bestanden, nachdem sie schon wieder weg waren."

Der Transitbereich seines Flughafens war wie ein Riesennest voller Agenten. Hätte man den „Transit" in die Luft gejagt, wäre die Spionage weltweit vor dem Ruin gestanden. Rupf erinnert sich: „Im Transit war das so: Die wichtigen Informationen hat sich niemand mehr mit der Post schicken getraut, also musste man sie persönlich austauschen. Aber man wollte sich dabei nicht treffen. Also gab es das System der toten Briefkästen. Die haben leichte Metall-Kassetten benutzt, die sie in die WC-Muschel geworfen haben und die gerade so schwer waren, dass sie von der Spülung nicht mitgerissen wurden. Da hatten sie ihre Texte drinnen. Da hast du genau gewusst, wer zu wem gehört, weil der Übernehmer ist schon beim Pissoir gestanden und sofort ins Klo gerannt, um zu übernehmen, bevor ein anderer reinkommt. Der, der pinkelt, ist immer der Übernehmer."

Fallweise hat Rupf sich solche Geheim-Kassetten geholt und angeschaut, „aber das waren Sachen, die Österreich überhaupt nicht betroffen haben. Alles bis ins Letzte verschlüsselt. Manches haben wir entschlüsseln lassen, aber das hat uns nichts gebracht." Höchstens als Zahlungsmittel im Spiel der gegenseitigen Gefälligkeiten sei das einzusetzen gewesen. „Damit haben wir jemandem von einem anderen Geheimdienst ein bisschen helfen können. Da hat man sagen können, hearst, wir wissen dies und das." Nur manche hätten sich im Café direkt getroffen, andere seien auch gemeinsam weitergeflogen. „Im Transit war es immer voll. Wenn eine Maschine aus Moskau gekommen ist, sind die ganzen westlichen Geheimdienste draußen gesessen und haben geschaut und fotografiert, wer da kommt."

Nur bei Agenten der ostdeutschen Stasi hat Rupf wohlweislich auf enge Kontakte verzichtet. Fast. Einzige Ausnahme war eine echte Vertrauensperson: „Mein Stasi-Freund hat gesagt, geh nie mit einer Kretz'n von der Stasi Kaffee trinken. Die haben alle kein Geld, die gehen nachher heim, schreiben einen Bericht, dass du ihr Informant bist, dass sie dir so und so viel Geld gegeben haben, und stecken das Geld selber ein. Irgendwann später kommt dann ein Überläufer aus dem Osten, der alles aufdecken will, mit den gefälschten Akten und dann stehst vor der Stapo bei der Einvernahme." Also mit denen habe man einfach nicht ausgehen können: „Und zum Kriegen war ja auch nichts von der Stasi. Die haben zu den wenigen gehört, die ich immer gemieden habe. Kontakt haben sie zwar immer gesucht. Immer zu zweit, allein haben sie sich net getraut. Die haben ständig was probiert. Eine Einladung hier, eine Einladung da, anbahnen, anfüttern. Ich hab' sie gemieden. Aber alle andern Geheimdienste habe ich nicht gemieden."

Und die ihn auch nicht: „Ich hatte mit allen gute Kontakte, vor allem mit Ost-Diensten, West-Diensten, mit den Israelis und den Arabern. Aber auch mit Syrien, Irak, Saudi-Arabien, Libyen und der italienischen Mafia. Kontakt zur Mafia habe ich über einen italienischen Geheimdienstler bekommen, der im Mafia-Bereich gearbeitet hat. Aber auch meine Zusammenarbeit mit dem CIA und dem Mossad war eigentlich ganz gut."

Nun weiß aber jeder, dass man auf Dauer nicht nur nehmen kann, ohne auch zu geben. Zum Naturprinzip von Leistung und Gegenleistung sagt Rupf: „Natürlich. Eine Hand wäscht die andere. Jeder weiß das. Wir haben Infos ausgetauscht, die haben uns was gegeben, im Gegenzug haben wir auch immer was gemacht. Was, kann ich auch heute nicht sagen. Man hat sehr aufpassen müssen. Es ist ein schmaler Grat, weil es bald einmal ein Missbrauch der Amtsgewalt sein kann. Man hat immer wissen müssen, was kann ich machen, was nicht. Man ist immer mit einem Fuß im Häf'n und mit einem im Grab gestanden. Es ist ja logisch: Dass die einen die ewigen Geber sind und nie etwas nehmen, das gibt es ja nicht. Das kann man zwar behaupten, aber es ist nicht wahr."

Neben der Stasi gab es noch eine Organisation, vor der sich Rupf immer in Acht nehmen musste: dem Wiener Innenministerium. Mit denen habe es schlechte Erfahrungen gegeben. Einmal hatte Rupf in einer Drogengeschichte 70 Hausdurchsuchungsbefehle erwirkt, unter anderem für ein Wiener Lokal, in dem bekanntermaßen Kokain gebunkert und verkauft worden sei. Weil sein Revier in Schwechat und damit in Niederösterreich lag, musste er die Wiener informieren. Rupf: „Das ist sofort aus dem Innenministerium verpfiffen worden. Als wir in das Lokal kamen, war der Besitzer schon in Italien auf Urlaub, keine Drogen da, nichts."

Eines müsse man über die Leute im Innenministerium ganz klar sagen: „Je mehr die gewusst haben, desto heikler war es. Wenn möglich, habe ich denen nichts gesagt." Einen einzigen Gruppenleiter habe es im Ministerium gegeben, der „eine Ahnung vom Geschäft" gehabt habe. Der habe ermöglicht, dass Rupf auch österreichweit einschreiten konnte. „Aber sonst haben sie dir immer die Prügel zwischen die Füße geworfen. Ein gewisser Neid war immer da."

Dabei habe es gerade auch im Innenministerium mehr als fragwürdigen Personenverkehr gegeben. Da seien ausländische Agenten aus- und eingegangen, als hätten sie dort gewohnt. Unter deren Einfluss sei das Innenministerium auch gegen ihn, Rupf, vorgegangen. Er erinnert sich: Zu einer Zeit, als Libyen wegen Gaddafis Terror-Aktionen politisch tabu war, musste Rupf nach Tripolis zu einem Treffen mit zwei Personen, das ihm sein Bekannter vom libyschen Geheimdienst arrangiert hatte. Rupf: „Damals, wo kein Mensch nach Libyen geflogen ist, bin ich hingefahren. Das war etwas brenzlig, weil mich auch die Libyer verdächtigen konnten, etwa für den CIA zu arbeiten. Mein Bekannter hat mir das signalisiert, also bin ich einige Tage früher als geplant zurückgeflogen."

Jetzt war Rupf für alle Seiten verdächtig. Was nicht ganz unverständlich scheint, denn warum muss ein österreichischer Flughafen-Polizist unbedingt nach Libyen zum Geheimdienst, während die ganze westliche Welt das Land boykottiert? Vor allem die amerikanischen und israelischen Geheimdienstler, die Rupfs Reise mitbekamen, hatten sich im Wiener Innenministerium gegen ihn stark gemacht. Rupf, der jede Menge Disziplinarverfahren überlebt hat, wurde vorgeladen: „Da ham's mich zum Ministerialrat der Gruppe C, Staatspolizei, geholt und einvernommen. Was ich gemacht hab', wen ich kenne und so weiter." Die Tür zum Nebenzimmer sei offen gestanden und da sei tatsächlich ein Agent der Israelis und einer der Amerikaner gesessen. Rupf: „Die sitzen mitten im Ministerium. Da habe ich gesagt, wenn ihr was wissen wollt's, dann macht's die Tür zu, weil CIA und Mossad hören mit."

Django Rupf hatte manch absurde Sträuße mit seinem Ministerium auszufechten. Einmal schrieb er eine E-Mail an einen zuständigen Hofrat und wollte sich nicht zurückhalten, seine Vorbehalte mittels eines „Tippfehlers" zu signalisieren. Er begann sein

Schreiben mit „Sehr geehrter Dofrat". Sofort brach ein wütendes Disziplinarverfahren los und gegen Rupf wurden Ermittlungen eingeleitet. In den Einvernahmen behauptete Rupf, er hätte sich vertippt. Doch die gestrengen Ermittler nahmen ihn in die Zange. Als Beweis für seine Falschaussage führten sie die Tatsache an, dass der Buchstabe H für Hofrat auf der Tastatur des Computers drei Tasten weit vom verwendeten D für Dofrat entfernt und somit ein Vertippen unmöglich sei.

„Viele Ministerialräte waren halt echt wirklichkeitsfremd", sagt Rupf, „der macht sein Studium, dann rutscht er irgendwo als Ministerialbeamter rein, hat nie Polizeidienst gemacht, noch nie jemanden festgenommen, ist bis 25 am Schoß seiner Mama gesessen, hat in kein schlechtes Lokal gehen dürfen, weiß nichts von der Kripo und dann kommt er da rein und ist der Chef. Da waren Leute dabei, die eine Katastrophe waren. Man hat denen nichts erklären können. Einmal hatten wir einen echten Schwerverbrecher bei der Einvernahme, einen Zuhälter. Es ging um eine Vergewaltigung. Da kommt der naive Beamte daher und sagt zu dem Gauner: ‚Na sagen Sie, haben Sie Ihr Spatzerl draußen gehabt?' Der Unterweltler reißt die Augen auf, schaut blöd und sagt: ‚Is der deppert? Sagt der zu mein Beidl Spatzerl? Soll i eahm wetzen?'"

Der Wiener Schmäh kann in unzähligen Kostümen daherkommen. Eine ganz andere Art des typischen Wieners ist Heinz Fischer, Bundespräsident der Republik Österreich. Kein Mensch kann sich vorstellen, dass er wie Blecha in arabischen Geheimdienst-Kreisen auf den Tisch haut, dass sich alle schrecken, nur um zu bluffen. Noch weniger wohl, dass er sich wie Rupf mit einer Maschinenpistole im Anschlag auf Goldräuber stürzt. Selbst in der gewaltfreien österreichischen Innenpolitik gilt Fischer nicht gerade als die Waghalsigkeit in Person. Doch er ist gerissener, als er wirkt. Er ist ein Vertreter der sanften Tour des Wiener Schmähs.

4 | Luft-Krieg und Frieden
Heinz Fischer, Evo Morales und der Rest der Welt

Als Heinz Fischer das Leben von Juan Evo Morales Ayma gerettet hatte, war es schon fast Mittag geworden. Der Himmel spannte sich dünn vor Hitze über den internationalen Flughafen Schwechat bei Wien, der Luftraum über Europa stand wieder offen und Fischer blickte aus schmalen Schlitzen nach Westen, wo die Maschine des bolivianischen Präsidenten als Punkt zu erkennen war und nun vom Flimmern der Luft gelöscht wurde. In Gran Canaria sollte das Flugzeug für die Langstrecke nach La Paz noch einmal betankt werden. Es war der 2. Juli 2013 und Heinz Fischer war mit seiner Wiener Seele im Einklang.

Am Vortag hatte sich Morales bei einem internationalen Energiegipfel in Moskau aufgehalten, seine Präsidentenmaschine für den späteren Nachmittag startklar machen lassen und war gegen 18.00 Uhr Richtung Westen abgehoben. Etwa eine Stunde später meldete der Pilot Probleme. Nicht etwa technische, sondern politische. Frankreich, Italien, Spanien und Portugal, also alle Länder entlang der Flugroute, hatten ihren Luftraum für die Maschine mit der Bezeichnung „FAB-001" gesperrt. Einen Tag vorher war man im europäischen Parlament noch „verwundert" gewesen über die Abhör-Exzesse der amerikanischen National Security Agency (NSA) und hatte etwas von „voller Aufklärung" gemurmelt. Jetzt aber hatten die Europäer sich gebückt und den Himmel gesperrt, weil ein paar amerikanische Geheimdienstler das gefordert und mit der Behauptung begründet hatten, in der Maschine von Evo Morales befinde sich ein Feind der USA, auf den weltweit unverzüglich zuzugreifen sei: Edward Snowden. Das Milchgesicht mit dem rechnenden Blick hatte tonnenweise Nacktfotos vom Innenleben der NSA gestohlen und war nun dabei, sie Stück für Stück zu veröffentlichen, während die Amerikaner immer tiefer gekränkt waren und immer deutlicher als Verräter an ihren europäischen Partnern dastanden, wo doch Snowden der wahre Verräter war. Doch die Amerikaner waren eben dabei, sich ein weiteres Mal zu blamieren: Nach Einschätzung vieler versierter Beobachter kann es nur der russische Geheimdienst gewesen sein, dem es gelungen war, den Amerikanern glaubhaft zu machen, Snowden befinde sich im Jet von Evo Morales auf dem Weg nach Bolivien.

Evo Morales, auch ohne Snowden einer der ziemlich besten Feinde der Amerikaner, hing also buchstäblich in der Luft. Die Amerikaner jagten ihn und ihre europäischen Partner hatten mit dem Entzug der Überflugerlaubnis absurde Posen der Unterwürfigkeit eingenommen. Der Morales-Jet konnte nur nach Moskau zurückkehren oder in Wien landen. Kurz vor 22.00 Uhr setzte „FAB-001" in Schwechat auf. Die US-Amerikaner, die Südamerikaner, die Europäer, alle starrten nun gebannt nach Wien.

Doch niemand umstellte das Flugzeug, um den heiß begehrten blinden Passagier aus der Kabine der Präsidentenmaschine zu zerren. Da stand nun ein Stück bolivianisches Territorium auf drei Rädern auf einem Stück internationalem Territorium des Flughafens, der sich selbst wiederum inmitten eines neutralen Landes befand. Irgendwelche angeblichen Gesetze aus dem fernen Amerika waren hier doppelt und dreifach wirkungslos.

Statt von bewaffneten Uniformierten bekam Evo Morales Besuch von einem lieben Freund: Der österreichische Bundespräsident Heinz Fischer war gleich in der Früh zum Flughafen geeilt, um seinen alten Spezi zu besuchen. Evo und Heinz fielen sich in die Arme. Evo ist ein wirklicher Freund, der Fischers Telefon nie abhören würde, es gar nicht könnte, schon weil er seine Handynummer verlegt hatte. So war es Morales nicht gelungen, noch in der Nacht Heinz Fischer zu erreichen, bis dieser am Morgen von sich aus Evo Morales erreichte.

Jetzt setzte sich Fischer an das Wiener Klavier, um ein bisschen zu spielen: Den Partnern in Europa und in den USA wurde signalisiert, Edward Snowden befinde sich nicht an Bord. Das habe sich bei einer „Nachschau" herausgestellt. Diese diffuse Behauptung verfehlte ihre Wirkung nicht und die Snowden-Jäger aus Amerika und deren Helfer aus Europa begannen sich zu entspannen. Die beiden Kumpel Fischer und Morales saßen derweil am Flughafen wie bei einer Friedenspfeife zusammen und tauschten herzlich nickend Einigkeiten aus, während zwischen Europa, den USA und Lateinamerika Übermittlungsdrähte glühten. Und während die Sonne immer höher stieg und der Vormittag immer heißer wurde, verflüchtigte sich über Europa die Luftraumsperre. Die Europäer sanken erschreckt über ihr eigenes Blackout in sich zusammen, fanden aber noch den Mut, jetzt zu erklären, sie hätten gar kein Überflugverbot erteilt gehabt. Das sei irgendwie ein Missverständnis gewesen.

Zehn Tage später am südamerikanischen Binnenmarkt-Gipfel in Montevideo legte der Indio Evo Morales Ayma aus dem Dorf Isallawi vor den lateinamerikanischen Staatschefs die rechte Hand auf sein Herz und sprach: „Ich bedanke mich bei Heinz Fischer, dass er Evo das Leben gerettet hat." Denn was, fragte er sich, wäre gewesen, hätte Fischer ihm die Landung nicht erlaubt? Diese Frage sei ihm erst drei Tage später eingefallen. Da aber habe er sich sehr erschreckt.

Was war das? In welchem Zustand lässt diese Episode den Kenner des gefühlten Österreich zurück?

Äußerlich war nicht viel passiert. Fischer hatte für die Öffentlichkeit nur gesagt, was für jedes politisch halbwegs entspannte Gemüt selbstverständlich war: Es gehe nicht an, dass man sich mit bloßen Verdächtigungen und rechtswidrigen Mitteln Personen habhaft mache. Auch in sensiblen Fragen könne man Freiheits- und Grundrechte nicht ohne Weiteres wegschieben. Und dennoch spürte man: Da liegt etwas seltsam Österreichisches in der Luft. Die rätselhaft schwerelos dahingleitenden Sequenzen von der Schwechater Lebensrettung sind für den Psychoanalytiker Felix de Mendelssohn „nicht wie normale Realität". De Mendelssohn ist Freudianer und hat sich eingehend mit der Wiener Seele auseinandergesetzt: „Die ganze Struktur dieses Ablaufes, das ganze Szenario ist eigentlich wie ein Traum, den man haben könnte: Da landet ein Flugzeug …, der Präsident muss kommen …, man weiß nicht, ob sich da wer versteckt hat …, die Kobra spaziert durch und schaut nicht so genau. Das ist nicht wie Realität, eher wie ein Traum, ein Geheimnis. Die meisten unserer Träume haben auch mit Geheimnissen zu tun. Man sucht etwas, weiß nicht, was es ist, man kann sich an den wichtigsten Teil nicht mehr erinnern. In Berlin müsste man das aufklären, in Wien will man eigentlich nicht."

Dabei ist die „Aufklärung" relativ einfach: Der „österreichische Weg" ist eine gerissene Abkürzung, die zwischen allen Fronten hindurch führt, ohne irgendwo anzustreifen. Um weder die Europäer noch die Nordamerikaner vor den Kopf zu stoßen, wurde dem Flugzeug von Evo Morales nicht von Wien aus die Landeerlaubnis angeboten, sondern dem Piloten bedeutet, er müsse sie sich holen. Der Pilot meldete also technische Probleme und nahm sein Recht auf Notlandung wahr. Am Boden begab sich ein Flughafentechniker an Bord der Maschine, um die technischen Probleme zu eruieren. Doch nun winkte der Pilot ab: Das Problem hätte sich bereits gelöst. Der Techniker wunderte sich überhaupt nicht, wünschte alles Gute und verließ wieder die Maschine. Und während seines Kurzbesuches beim Piloten hatte er auch niemanden gesehen, der Herrn Snowden ähnlich gesehen hätte.

Heinz Fischer hatte leichte Hemmungen, diesen Ablauf später in Interviews als „Durchsuchung" zu bezeichnen, also nannte er es „freiwillige Nachschau". Dabei warf er einen unwissend-überraschten Blick in die Fernsehkamera, als hätte er keine Ahnung, was an dieser Erklärung auszusetzen sei.

Den ganzen denkwürdigen Vormittag hatte Fischer das Wiener Klavier gespielt, ohne dass es die anderen als Musik empfunden hätten. Er hatte die Seiten gewechselt, ohne sich verdrehen zu müssen. Er war als erster und einziger westlicher Politiker aus der amerikanisch-europäischen „War on Terror"-Front und ihren Guantanamo-Methoden ausgeschert und hatte trotzdem allen beteiligten Parteien das Gefühl gegeben, es ihnen recht zu machen. Die Südamerikaner waren begeistert, die Europäer dankbar, die US-Amerikaner beruhigt. Sie schwiegen, um auch über ihre Geheimdienst-Blamage schweigen zu können. Und Fischer durfte Huldigungen aus ganz Lateinamerika entgegennehmen. Heinz Fischer hatte mit seiner vornehmen Wiener Melange aus Verlogenheit und guten Manieren die Wahrheit als Verhandlungsmasse bearbeitet und beiläufig und mit höchster Zielgenauigkeit ein bisschen gedreht und gewendet.

Die ganze Wahrheit ist in Wien immer etwas Geheimes. Die „Wiener Wahrheit" ist eine Spielform der „ganzen Wahrheit", die zum eigenen Vorteil gereicht. Aber so, dass es niemanden stört und als charmant empfunden wird.

5 | Ohne Schmäh
Wie fatal es enden kann, wenn der Schmäh danebengeht

Ohne Schmäh ist man in Wien verloren. Wenn sich Leute wie Charly Blecha, Django Rupf oder auch Heinz Fischer kaltschnäuzig durch heikle Situationen lavieren, wirkt das locker und lustig fast wie im Kabarett. Aber wehe, wenn das nicht funktioniert. Wenn die falschen Personen mit den falschen Aufgaben betraut sind, kann es ernsthaft gefährlich werden. Besonders in bestimmten Positionen der Bundespolitik ist der Wiener Schmäh etwas Unerlässliches. Einfach, weil das Selbstverständnis der Republik Ausdruck der Wiener Mentalität ist und es unmöglich scheint, als Repräsentant die traditionelle internationale politische Rolle Österreichs zu spielen, ohne die kunstvolle Falschheit des Wiener Schmähs zu beherrschen. Wenn Politiker aus den Bundesländern nach Wien zum Amtsantritt gebeten werden, die sich „schon wahnsinnig drauf freuen", ihr „Bestes für unser Land zu geben", dann lauert schon die politische Lebensgefahr. Es gibt viele Beispiele dafür, wie fatal es enden kann, sich mit naiver Bravheit „voll einbringen" zu wollen.

Ein Beispiel: Beatrix Karl, nette Dame von der Grazer Uni, war im April 2011 über den Semmering nach Wien gereist, um die österreichische Justizpolitik in die Hand zu nehmen. Im Herbst 2013 wurde sie von ihren Qualen als Justizministerin wieder erlöst. Sie hatte das Wiener Klavier für ein Tasteninstrument gehalten.

Am Nachmittag des 14. Juli 2011 nahm ihr politisches Schicksal seinen Lauf und konfrontierte sie mit einem Fall, der nur mit einer ausgewachsenen Portion grenzlegaler Wiener Gerissenheit zu lösen gewesen wäre. Ein ahnungsloser Beamter der Flughafen-Polizei in Schwechat hatte den aus Moskau kommenden Michail Golowatow bei der Einreise festgenommen. Der Grund war ein gültiger, von der Republik Litauen angestrengter, europäischer Haftbefehl. Golowatow wurden von der Republik Litauen Kriegsverbrechen vorgeworfen: Er soll hauptverantwortlich für die sogenannte „Blutnacht von Vilnius" gewesen sein. Am 13. Jänner 1991 waren in der litauischen Hauptstadt 14 Menschen getötet und Hunderte verletzt worden, als sie im Unabhängigkeitskampf gegen Moskau den Fernsehturm in Vilnius davor schützen wollten, von der sowjetischen KGB-Sondereinheit ALFA eingenommen zu werden. Die ALFA-Leute schossen mit scharfer Munition in die Menge. Ihr Chef war Michail Golowatow, ein hoher KGB-Offizier. Nun war er wegen mehrfachen Mordes von einem kleinen österreichischen Polizisten angehalten worden.

Doch am nächsten Tag gegen 18.00 Uhr flog er wieder nach Moskau.

Frau Karl, die ihre Zeit lieber damit verbracht hätte, eine schöne Reform des Frauen-Strafvollzugs anzudenken, war plötzlich zu einem Seiltanz im Spannungsfeld der internationalen Untergrund-Politik aufgerufen. Sie musste den rechtsstaatlich nicht eben einfachen Sachverhalt der unverständlichen Freilassung eines mutmaßlichen Kriegsverbrechers in der Öffentlichkeit schonend oder gar gewinnbringend darstellen. Ganz so, wie es die Virtuosen der Wiener Verlogenheit machen. Frau Karl machte, was sie konnte. Bei einer Pressekonferenz sagte sie mit zitternder Stimme, die Republik Litauen hätte es versäumt, innerhalb einer gesetzlichen Frist ihre Vorwürfe gegen Herrn Golowatow zu konkretisieren, weswegen der Mann völlig rechtskonform habe freigelassen werden müssen. Der unschlüssige Ton in der Stimme und die Deckung nehmende Körpersprache verrieten gnadenlos ihre heimliche Botschaft: Ich glaube und verstehe das alles selber nicht.

Im Saal herrschte einige Augenblicke betretenes Schweigen. Frau Karl stand ganz allein da. Das war danebengegangen.

Das war nicht nur unwienerisch, sondern auch gefährlich für die Rolle, die Österreich nach wie vor in der Selbstbedienungs-Politik der ehemaligen Besatzungsmächte spielt. Sie hätte glaubhaft sein müssen. Sie hätte viel besser mit der Wahrheit jonglieren müssen.

Umgehend brach der Sturm los. In ganz Europa wurden die Köpfe geschüttelt. In Litauen gingen die Wogen hoch: Österreich wurde in Medien als „beschissenes kleines Land" beschimpft. Österreichische Waren wurden boykottiert. Die entrüstete litauische Regierung rief die Amerikaner zu Hilfe. Die österreichische Botschaft in Vilnius wurde von wütenden Demonstranten belagert, die die Österreicher kollektiv als „Schoßhunde von Hitler und Putin" bezeichneten, wie Medien in ganz Europa berichteten. Auch die österreichische Opposition stürzte sich auf die Justizministerin. Der Parlamentarier Peter Pilz von den Grünen bezeichnete sie als „Fluchthelferin" und als „Komplizin eines Mordverdächtigen" und zeigte sie „wegen einer ganzen Kette von Lügen" und wegen Amtsmissbrauchs und Begünstigung bei der Korruptionsstaatsanwaltschaft an.

Frau Karl war sehr betroffen.

Wie es tatsächlich zur politisch angeordneten Freilassung des Mordverdächtigen gekommen war, ist sehr einfach: Noch in der Nacht nach Golowatows Verhaftung kam ein Anruf aus der russischen Botschaft. Und das war es auch schon.

In einer nächtlichen Krisensitzung von hohen, eingeweihten Beamten des Außen- und Justizministeriums war die Strategie festgelegt worden: Der litauischen Regierung wurden vier Stunden Zeit gegeben, ihre Vorwürfe gegen Golowatow zu „konkretisieren", obwohl man den Mordverdächtigen je nach Auslegung unterschiedlicher Bestimmungen bis zu 96 Stunden oder gar 18 Tage anhalten hätte können oder gar müssen.

Vilnius hatte wie geplant keine Chance. Die vier Stunden verstrichen und somit hatte die Causa „gesetzeskonformen" Zustand erreicht. Vilnius war mit der Übermittlung der Unterlagen zwar schneller, als man erwartet hatte, aber dennoch um ein Haar zu spät: Die detaillierte Anklageschrift der litauischen Staatsanwaltschaft langte einige Stunden nach Ablauf der „Frist", gegen 14.00 Uhr, ein. Pech. Das Dokument wurde gleich gar nicht mehr übersetzt, obwohl Golowatow noch anwesend war. Vier Stunden später saß er im Flieger nach Moskau.

Beatrix Karl kann nicht dafür verantwortlich gemacht werden, dass ihr jegliche Wiener Verkaufsrhetorik fehlt. Woher soll sie wissen, wie man schonend rüberbringt, dass die Russen nach dem Kalten Krieg in Wahrheit nie aus Wien abgezogen sind? Und dass es in der Zweiten Republik in Österreich Tradition hat, staatspolitische Interessen lächelnd über rechtsstaatliche Prinzipien zu stellen, wenn es darum geht, keinen Ärger zu bekommen? Wie hätte Karl vor versammelter Presse erfolgreich beschönigen sollen, dass in Österreich nicht das Gesetz entscheidet, ob es durchgesetzt wird, sondern der Staat, mit welchem Interesse auch immer? Dass der politisch weisungsgebundene Staatsanwalt von Fall zu Fall entscheidet, ob ein Sachverhalt für eine Verfolgung ausreicht und dass ein wie auch immer gearteter Sachverhalt bei einem hohen KGB-Offizier eben nicht ausreicht? Vor allem dann nicht, wenn die russische Botschaft gerade angerufen hat? Und dass Österreich von den Russen bei Bedarf immer schon erpresst worden ist und nicht nur von ihnen? Und zwar so selbstverständlich, dass diese Erpressungen für uns ganz normal geworden sind und wir, die Österreicher, deshalb und dennoch unseren doch funktionierenden österreichischen Weg gehen und gehen müssen, weil wir gar keine andere Wahl haben, das aber gut beherrschen? Und dass wir davon auch profitieren, Wahrheit und Unwahrheit kunstvoll zu verschnörkeln, sodass beides nicht mehr voneinander zu unterscheiden ist?

Natürlich: Sich hinzustellen, ein bisschen zu stammeln und umgehend Prügel aus ganz Europa zu beziehen, ist nicht gerade Zweck der Übung. Doch man kann Frau Karl schwer vorwerfen, nicht gut genug zu lügen und über keinerlei kriminelle Energie zu verfügen.

Man hätte sie dort nicht hinsetzen dürfen oder ihr vorher beibringen müssen, wie man Brüche der Rechtsstaatlichkeit zugunsten höherer Staatsinteressen in der Öffentlichkeit mit Witz verkauft, damit die ganze Sache nicht so uncharmant und einfach nur rechtswidrig daherkommt. Man hätte ihr beibringen müssen, eine gewisse Basar-Mentalität, auch gegenüber den Russen, an den Tag zu legen, was die Lösungen im Vorfeld und hinter den Kulissen betrifft. Und man hätte ihr beibringen müssen, am Ende dieser gut gelogenen Erklärungen noch ein bisschen daherzuschwadronieren und ein paar Aussagen zu treffen, die irgendwie geheimnisvoll wirken, und die Medien verunsichern, mit ihrer Skandalwitterung vielleicht doch nicht richtig zu liegen. Damit eine Restwahrscheinlichkeit offen bleibt, dass vielleicht doch alles seine gewisse Ordnung habe und man nur wieder einmal den österreichischen Weg gehe.

Dieses politische Desaster hat nicht nur Empörung ausgelöst, sondern auch Zufriedenheit. Allerdings nur von russischer Seite. Doch für die Russen ist die österreichische „Kooperationsbereitschaft" so selbstverständlich, dass sie es nicht einmal für nötig befunden haben, den Österreichern zu helfen, in dem Schlamassel ihr Gesicht zu wahren. Sie teilten mit dem Charme einer leeren

Wodka-Flasche mit: Die Österreicher hätten sich von ihnen begrüßenswerterweise verständlich machen lassen, dass der von Litauen angestrengte Haftbefehl gegen Golowatow politisch motiviert gewesen sei.

6 | Proppenvoll oder blunzenfett
Wien, der Humor und die Deutschen

Wer Wien verstehen will, muss wissen, dass die Donau niemals blau war. Und er darf keinen Widerspruch darin entdecken, dass sie dennoch als „so blau" besungen wird.

Der „Donauwalzer" ist etwas wie ein Tanz der Vampire: Das Bild von der „schönen blauen Donau" ist ein Produkt des dunklen Wiener Humors, erzählt der Wiener Psychoanalytiker Alfred Pritz: „Während des zweiten napoleonischen Krieges, wo die Franzosen bei Aspern zurückgeschlagen wurden, hatte ein russisches Bataillon ein französisches Regiment direkt in die Donau abgedrängt und Hunderte französische Soldaten ertranken. Jetzt war die Donau voll mit den blauen Uniformen der Franzosen. Die Donau war ‚so blau, so blau, so blau'.

Der Charakter des Wienerischen sei etwas „nicht Scharfes, Festzumachendes", meint Pritz. Die Art, wie sich ein Volk oder eine Stadt verstehe, sei ein Kulturprodukt. Eine Wiener Eigenschaft sei jedenfalls der „dunkle Humor".

Schon der ganz normale, nicht durch Dunkelheit charakterisierte Humor birgt Zweischneidiges: „Humor haben" meint auch die Fähigkeit und Bereitschaft, über Dinge lachen zu können, die nicht allzu witzig sind. „Spaß verstehen" tut jemand, der bereit ist, spielerisch pointierte Schmähungen gegen sich selbst hinzunehmen und dabei auch mitzulachen.

Der Lachreiz am „dunklen" Humor geht weniger vom Geschilderten selbst aus, sondern mehr von der Unverschämtheit, mit der

der Erzähler Grenzen überschreitet und Tabus bricht, also beispielsweise Witze über in der Donau treibende Leichen in blauen Uniformen macht.

Um das Wiener Wesen zu durchschauen, lohnt ein Vergleich mit den Deutschen. Zeitgeschichtlich ist der Österreicher ja ein ausgetretener Deutscher, der sich nach seinem Austritt wieder auf Identitätssuche begeben hat und sich gern über seinen Unterschied zu dem definiert, wovon er sich durch den Austritt abgrenzt. Der Wiener Kabarettist Alfred Dorfer kann ohne Bedenken als intimer Kenner Wiens und als zielsicherer Darsteller dessen bezeichnet werden, was den Schmäh der Wiener ausmacht. Wenn Dorfer Wien charakterisiert, dann macht er das bezeichnenderweise über eine Feinheit, die Wien zu einer „nichtdeutschen Stadt" mache: die „Wurschtigkeit". Mit „Wurschtigkeit" benennt Dorfer dasselbe, was in diesem Buch als „innere Neutralität" bezeichnet wird.

Psychoanalytiker Pritz: „Karl Kraus hat gesagt: Ordnung ist der Humor der Deutschen. Wenn wir das hören, dann lachen wir alle, weil wir es sofort verstehen, obwohl es ein unsinniger Satz ist. Je norddeutscher die Deutschen sind, desto weniger verstehen sie die Doppelbödigkeit des Wienerischen." Deutsche Kollegen seien angetan vom Wiener Lebensgefühl, doch bemerkten sie nicht, „dass die Wiener hart arbeiten und oft ausrutschen." Das Klischee vom faulen Wiener sei jedenfalls ein Missverständnis. „Wir arbeiten mehr als die Deutschen. Das ist meine persönliche Erfahrung und das kann man auch in Zahlen darstellen."

Österreicher lachen über die Anmerkung von Karl Kraus, weil sie darin ihr eigenes Klischeebild vom Deutschen bestätigt sehen: geistlose Ordnung, saubere Baustelle, knappe Worte wie Befehle, keine Zeit für Witze. Der Deutsche führt vor, wo es langgeht, was gibt es da zu lachen.

Das deutsch-österreichische Ländermatch gibt es seit Jahrhunderten. Lebhaft in Erscheinung getreten ist es schon am Beginn des sogenannten „Städtevergleichs" zwischen Berlin und Wien, in dem sich die beiden Städte einen Wettlauf in Sachen Aufklärung lieferten. Der Berliner Aufklärer Friedrich Nicolai, ein Protestant, dürfte gar nichts Böses im Sinn gehabt haben und nur mit deutscher Sauberkeit vorgegangen sein, als er seine Eindrücke über Wien 1781 in einem Reisebericht wiedergab: Die Wiener seien von „Fress-, Trink- und Prunksucht gezeichnet", von „religiöser Andächtelei und Heuchelei", was einen für das katholische Süddeutschland typischen Hang zur Sinnlichkeit bedeute.

Doch die Watschen aus Wien folgten umgehend: Nicolai sei ein typischer Vertreter jener protestantischen Norddeutschen, die einem beschränkten Rationalismus verhaftet seien, mit dem sie auf Besuch in Wien und Österreich wenig sehen und nichts verstehen und der Stadt und dem Land ewig fremd blieben.

Die Wiener hatten Nicolai mit dem Schmäh genommen. Sie hatten es nicht bei einer bloßen Zurückweisung seiner These belassen, sondern These wie Urheber satirisch reflektiert. Nicolai hatte mit gerader Vorhand aufgeschlagen, Wien mit geschnittener Rückhand retourniert. Gerade weil Nicolais Vorwürfe auch richtig sind, ist Wien gleich gar nicht auf eine Diskussion eingestiegen, sondern hat die Ebene gewechselt, um den Gegner – mit einer inhaltlich ebenfalls zutreffenden Antwort – auf einem anderen Fuß zu erwischen. Wien hat Nicolai auf diese Weise indirekt bestätigt. Ob Herr Nicolai das auch verstanden hat, darf bezweifelt werden.

Da gibt es einen weiteren historischen Deutschen, der den Wiener Schmäh nicht gänzlich verstanden haben dürfte, für den aber der mildernde Umstand gilt, von Humor insgesamt nicht gerade beseelt gewesen zu sein: Joseph Goebbels, Hitlers Propagandaminister. Am 9. April 1945, als Wien unter heftigen Kämpfen drauf und dran war, den Nazis verloren zu gehen, huldigte er dem Wienerischen mit enden wollender Begeisterung: „Das haben wir von dem sogenannten Wiener Humor, der bei uns in Presse und Rundfunk sehr gegen meinen Willen immer verniedlicht und verherrlicht worden ist. Der Führer hat die Wiener schon richtig erkannt. Sie stellen ein widerwärtiges Pack dar, das aus einer Mischung zwischen Polen, Tschechen, Juden und Deutschen besteht. Ich glaube aber, dass die Wiener doch besser hätten im Zaume gehalten werden können, wenn dort eine anständige und vor allem energische Führung am Ruder gewesen wäre."

Eine Antwort aus Wien ist nicht überliefert. Bei so viel Lob gibt es nach den Standards des Wiener Schmähs auch kaum eine Möglichkeit, sarkastisch zu werden.

Zieht man die Musik seiner Aussage ab, hat Herr Goebbels wie Friedrich Nicolai sachlich in mehreren Punkten natürlich recht: Die Wiener sind keine Deutschen, sondern eine Mischkulanz aus europäischen Exoten. Und die Deutschen verharmlosen den Wiener Schmäh, den Goebbels offensichtlich mit dem sogenannten Wiener Humor verwechselt.

Deutsche verharmlosen den Wiener Schmäh. Sie halten ihn für einen Wiener Kellner mit „liebenswürdigem Grant", auch als „Wiener Charme" übersetzt. Dabei ist ein deutscher Besucher, der die Gesten dieses „Wiener Charmes" als Touristen-Attraktion entgegennimmt, im Durchschnitt deutlich charmanter als der Kellner. Der Deutsche ist dankbar für sein Urlaubserlebnis, das die Beschreibungen im Reiseführer bestätigt und so seine touristischen Erwartungen erfüllt. Er lächelt höflich, spielt mit und findet die miese Laune charmant. Denn der Kellner ist nicht liebenswürdig grantig, sondern nur grantig, also überhaupt nicht charmant. Er hat daher aus der Sicht von Nicolai und Goebbels den Beruf verfehlt. Auch damit hätten die beiden Herren eigentlich nicht ganz unrecht.

Dass aber der Wiener über die Fertigkeit verfügt, seine Unfreundlichkeit als Charme zu verkaufen, hat schon mehr mit dem echt Wienerischen zu tun.

Eines der wenigen Wien-Klischees, die praktisch völlig unzutreffend sind, ist jenes vom „Wiener Charme". Es gibt zwar Charme in Wien und eine vielleicht gar nicht so geringe Anzahl an charmanten Individuen, aber etwas wie „Wiener Charme" gibt es selbstverständlich nicht. Das ist eine Erfindung der Tourismus-Werbung. Darauf soll weiter hinten näher eingegangen werden.

Beide deutschen Herren, der Aufklärer wie der Propagandaminister, agieren freilich mit sprachlichem Stiefellärm, mit steifen, seelenlosen Buchstaben-Kompanien, zwischen deren Reihen, wo sich viel vom Wienerischen abspielt, nur leere Ordnung herrscht. Deshalb wirken ihre Aussagen trotz punktueller Korrektheit so platt und engstirnig, dass sie schon wieder falsch sind.

Hier mag auch ein Grund dafür versteckt sein, warum ein Deutscher, der lügt, Sympathie-Probleme bekommt, während ein Wiener, der lügt, als charmant gilt. Kabarettist Alfred Dorfer: „In Wien hat man mit allzu großer Direktheit ein Problem. Wenn da eine Lüge ohne Schnörkel daherkommt, dann gilt das weniger als moralisch bedenklich, sondern einfach nur als schlecht gemacht. Bei uns muss die Lüge ein gewisses Brimborium und ein bisschen Musik haben, dann ist das für alle erträglicher."

Die im Schlagabtausch zwischen Friedrich Nicolai und den Wienern bemühten Stereotype haben alle bis heute überlebt. Der Wiener gilt als faul (ist er nicht), als genuss- und sexsüchtig (ist er) und als einer, mit dem kein Krieg zu gewinnen ist (ist er). Umgekehrt sieht der Wiener den Deutschen in einem „beschränkten Rationalismus verhaftet", der die Vielfalt des Lebens in ein allzu einheitliches Prinzip pressen will, und als frei von jeglichem Humor. In den Augen des typischen Wieners ist der typische Deutsche ein Stück Fleisch gewordenes Staatsprotokoll, einer, der immer im Dienst ist und ständig einer Anordnung von oben zu gehorchen scheint. Dessen disziplinierte Strebsamkeit und striktes Kompanie-Verhalten als Quelle für hohes Selbstbewusstsein dient. Alles Scheuklappen, hinter denen er den bunten Facettenreichtum eines primär als Freizeit verstandenen Lebens übersieht.

Deutsch-österreichische Neckereien hin oder her, Tatsache ist, dass der nördlichere Deutsche den Wiener Schmäh nicht versteht. Doch weiß er immerhin, dass es ihn gibt. Und er räumt sogar selber ein, ihn nicht zu verstehen.

Der Wiener hingegen käme nie auf die Idee, er könnte etwas nicht verstehen. Zum Beispiel den deutschen Humor. Er sieht zwar deutsche Kabarettisten, die ihr deutsches Publikum zum Lachen bringen, aber das bedeutet nichts für den Wiener. Er sagt, die Deutschen hätten keinen Humor, weil sie den Wiener Humor nicht verstehen. Der Wiener ist der Meinung, dass Deutsche nicht haben, was Wiener nicht sehen. Werfen die Österreicher den Deutschen also vor, was sie selber nicht besser können? Natürlich.

Aber nicht ganz: Es ist schon ein Unterschied, ob man einen Witz nicht versteht, oder ihn zwar versteht, aber nicht witzig findet. Oder ob man einen bestimmten Witz für grundsätzlich unzulässig betrachtet, weil er irgendeine Werte-Ordnung bedroht. Alfred Dorfer, der das deutsche Publikum von vielen Auftritten kennt, weiß: „Es gibt Aussagen, bei denen in Wien keiner ein Ohrwaschel rührt, die in Deutschland aber Empörung auslösen. Wie kann man Scherze machen über den Tod? Wie kann man Pointen setzen über eine Krebserkrankung oder sich lustig machen über Kindesmisshandlung? Natürlich birgt so etwas immer die Gefahr von Missverständnissen, aber im politisch korrekten Deutschland ist das vollkommen ausgeschlossen. Vielleicht mit Ausnahme von Harald

Schmidt, der versucht hat, ein bisschen an dem Tabu zu kratzen." Der Wiener Humor aber habe „ein großes Maß an Unanständigkeit".

Dass der deutsche Mensch Witze über den Tod für strikt unzulässig hält, findet der Wiener wahnsinnig lustig, weil das schon wieder sein Klischee vom Deutschen bestätigt. Er lacht nicht über den unerlaubten Witz, sondern über den Deutschen.

Kabarett ist etwas Ernstes. Es transportiert ernst zu nehmende Botschaften mit dem Transportmittel Humor. Das geht einfach besser rein, weil man sich lachend die Dinge besser merkt. Wenn Alfred Dorfer das Kabarett und sein Verständnis vom Wienerischen reflektiert, dann ist das weniger witzig als erhellend. Dorfer: „Wurschtigkeit bedeutet nicht, dass einem alles egal ist. Es ist im Gegenteil ein erregter, höchst teilnehmender Zustand der Entscheidungslosigkeit. Es ist keine distanzierte Haltung, mit der der Wiener sagt, das geht an mir vorüber. Er ist in das Thema sehr wohl involviert, doch die Entscheidung richtet sich danach, was für ihn am besten ist."

Der Norddeutsche gehe, zugeschriebenerweise, an eine Sache heran, indem er sage: „So, das ist das Konzept und jetzt machen wir. Das macht der Wiener nicht. Er ist konzeptlos, er lässt die Umstände als Entscheidungshilfe arbeiten und verkauft das dann nachher als logische Konsequenz."

Doch man dürfe nicht hinter allem, was wienerisch ist, gleich intelligente Strategien vermuten. Dorfer: „Wenn man glaubt, dass da überall eine Taktik dahinter ist, überschätzt man das. Es ist mehr eine Lebenseinstellung, die Wien zu einer nichtdeutschen Stadt macht. Nicht, um sich von den Deutschen zu distanzieren. Doch ist Wien in seiner Geschichte immer vom Zuströmen verschiedenster Ethnien gekennzeichnet gewesen. Wien war früher schon ein Modell für das, was wir jetzt – mit nicht wirklich tollem Erfolg – in Europa zusammenzubringen versuchen. Allerdings muss man auch sagen, dass der Erfolg der Kaiser-Zeit auch nicht so toll war, wenn man schaut, was mit dem Antisemitismus los war. Das ist eine andere Sache. Aber Wien war nie unter sich, es war immer ein Schmelztiegel. Das heutige Wien ist seiner Vergangenheit geschuldet, wo der Wiener sich über den Fremden und über das Spiel mit dem Fremden orientieren oder seinen Platz finden kann. Dafür ist diese engagierte Wurschtigkeit eine großartige Strategie, weil man damit grundsätzlich nie etwas falsch machen kann."

Werde in Deutschland eine Firma saniert, bei der es nicht nur darum gehe, einen knallharten Sparkurs durchzuziehen, sondern verschiedene Interessen zu koordinieren, dann lasse man sehr oft einen Österreicher ran: „Weil das eine Improvisationsgabe voraussetzt, die es weiter oben in Deutschland, glaube ich, nicht mehr gibt. Es ist zwar ein Klischee, doch im Grunde stimmt es, dass der Österreicher Vorteile hat, wenn es darum geht, die Dinge zu kalmieren, etwas zu fördern, jemandem das Gefühl zu geben, dass er eh dabei ist." Diese diplomatische Kompetenz sei überhaupt ein erfolgreicher österreichischer Export-Artikel: „Warum hatte man während der Balkan-Krise fast nur österreichische Koordinatoren? Warum ist es so, dass Österreicher in vielen Ländern eine wahnsinnig gute Reputation haben? Warum war das österreichische Kulturinstitut in Teheran das einzige, das nie geschlossen wurde?" Das könne man wohl als diplomatische Meisterleistung sehen. „Es hat etwas mit Haltungslosigkeit zu tun. Vielleicht ist das Neutralität, wenn es darum geht, gewisse Interessen durchzusetzen."

Neutralität als Mittel zum eigenen Zweck, oder Wiener Schmäh. Dorfer: „Wenn ein Österreicher verhandelt und sich seinem Gegenüber nähert, ist sein erster Schachzug nicht die Offenlegung, sondern er schaut einmal, wie das jetzt funktionieren könnte. Erst die folgenden Züge zeigen dann, wie es gemacht wird. Aber immer mit der Rückversicherung, wieder in diese Neutralität zurückweichen zu können."

Während nun der Wiener dem Deutschen mit der unterstellten Humorlosigkeit möglicherweise etwas abspricht, nur weil er es nicht sieht, so spricht der Deutsche dem Wiener etwas zu, was er nicht hat: Wiener Charme. Auch Alfred Dorfer hält die Sache mit dem Wiener Charme für ein Missverständnis: „Ich kenne keine Stadt auf der Welt, in der die Verkäufer so unfreundlich sind wie hier in Wien. Man hat das Gefühl zu stören und dass der nichts verkaufen will. Mann kann das nur als Charme verstehen, wenn man nicht weiß, worum es geht. Ein grantiger Kellner ist ein grantiger Kellner. Der ist mit seinem Job unzufrieden, mit seiner Arbeitszeit, vielleicht mit seinem Leben. Wenn er damit nun ‚Schmäh führt', kann man das als Charme verstehen, aber nur, wenn man auch den Schmäh nicht versteht."

Wenn der Wiener Kellner „Küss die Hand, gnä' Frau" sagt und sich vor der Touristin verneigt wie vor einer Kaiserin, dann findet die Dame das charmant, aber nur, weil sie die Geste als direkte Aussage ernst nimmt. Nimmt sie aber die theatralische Doppelbödigkeit wahr, verkehrt sich die Geste ins Gegenteil: Der Wiener behandelt sie nicht wie eine große Dame, sondern er tut ironisierend so, als würde er sie als große Dame behandeln und suggeriert damit das Gegenteil. Was er wirklich meint, soll unklar bleiben, sonst wäre die Doppelbödigkeit keine Doppelbödigkeit.

Ein anderes Beispiel: Ein deutscher Journalist recherchiert eine Geschichte über den Wiener Charme. Er bittet seine Wiener Kollegin Eva Deissen, ihm dabei behilflich zu sein und ihn auf der Suche nach dem Wiener Charme durch die Stadt zu begleiten. In einem Gastgarten beobachten sie eine Dame, die etwas tiefer ins Glas schaut.

Der deutsche Journalist flüstert seiner Wiener Kollegin ins Ohr: „Die ist ja proppenvoll!"

Nun sieht Deissen die Gelegenheit gekommen, den Wiener Charme zu erklären. Der sei nicht identisch mit dem Wiener Schmäh, meint sie, aber blutsverwandt: „Eine Dame ist bei uns nie berauscht. Nach einem Schluckerl hat sie ein Schwipserl. Nach zwei Glaserln ein Huterl. Nach drei Vierterln ein Schwammerl. Wenn sie blunzenfett ist, hat sie maximal ein Damenspitzerl".

Alles klar? Wiener Charme ist kein Charme, sondern in bilderreiche Sprache verpackter Sarkasmus. Man spricht von einem „Damenspitzerl", belustigt sich aber an dem, was dieses schöne Wort indirekt transportiert: nämlich dass „die Oide blunzenfett is". Es ist ein dunkler Humor, der von der Frechheit des Erzählers lebt. Im Grunde sagt er dasselbe wie der Deutsche mit „proppenvoll", doch mit musikalischer Bösartigkeit.

Gäbe es etwas wie „Wiener Charme", dann wäre Charme ein kollektives, Identität stiftendes Merkmal der Bevölkerung Wiens oder zumindest eines Teiles der Wiener Gesellschaft. So etwas gibt es natürlich nicht. Aber das behauptet auch niemand ernsthaft, jedenfalls nicht der Wiener selbst. Das behaupten nur Fremdenverkehrswerbung und Touristen, die es von der Fremdenverkehrswerbung gehört haben. Die Frage betrifft hauptsächlich Deutsche, weil sie die größte Besucher-Gruppe sind und weil dieser „Charme" nur im Wiener Dialekt funktioniert und in keine andere Sprache übersetzbar ist.

Dabei beruht selbst der Kunstgriff der Tourismus-Werbung auf einem Übersetzungsfehler. Man wollte den „Wiener Schmäh" als Fremdenverkehrsattraktion nutzbar machen, weil der aber noch viel unübersetzbarer ist, hat man ihn einfach als „Wiener Charme" bezeichnet. Selbst in manchen Wörterbüchern werden die beiden Begriffe miteinander gleich gesetzt. So kommt es, dass ein missmutiger Kellner, der in seinem Frust sarkastische Bemerkungen von sich gibt, als charmant gilt.

Im Jahr 2005 hat Wien bei der UNESCO ernsthaft beantragt, den „Wiener Charme" als immaterielles Weltkulturerbe anzuerkennen. Auf der Liste Hunderter anerkannter, immaterieller Kulturgüter stehen gelebte Traditionen wie etwa afrikanische Riten, kaukasische Gesänge oder mündliche Überlieferungen von Natur-Völkern. Europäische Antragsteller liefern sich ein Wetteifern aus wirtschaftlichen Motiven, weil eine Anerkennung die Fremdenverkehrszahlen um bis zu 500 Prozent steigern kann. Schon im Vorfeld der Ablehnung des angeblichen Wiener Charmes als kulturelles Welterbe der Menschheit ließ Rieks Smeets vom Pariser UNESCO-Sekretariat in einem Interview mit der „Süddeutschen Zeitung" durchklingen, nicht auf diesen Wiener Schmäh hereinfallen zu wollen. Er erklärte, der Antrag sei „nicht komplett aussichtslos". Denn soziale Traditionen gehörten auch zu den schützenswerten immateriellen Kulturgütern. Doch müssten die Wiener beweisen, dass diese Art von Charme seit mehreren Generationen bestehe. Smeets: „Ich denke zudem nicht, dass man alle Gastgeber Österreichs als eine Gemeinschaft definieren kann, für deren Identität der Charme essenziell ist."

Wie die Wiener Bevölkerung selbst, ist auch der Wiener Humor das Produkt verschiedener kultureller Einflüsse. Nach Einschätzung Alfred Dorfers ist er hauptsächlich von zwei Faktoren geprägt: „Vom jüdischen Witz und der slawischen Dunkelheit, daher auch die Morbidität. Der jüdische Humor hat etwas Leichtgängiges, ist aber überaus existenziell. Im Nazi-Konzentrationslager Theresienstadt war es den Insassen erlaubt, Kabarett zu spielen. Dieses Programm ist erhalten. Die jüdischen Insassen machen sich darin über ihre eigene Situation lustig. Das Schärfste, das Härteste, das Existenziellste, das ich je an Humor erlebt habe. Das ist im Jüdischen drinnen. Das Jüdische hat mit seinem existenziellen, leicht pessimistischen, nicht sehr lebensbejahenden Zugang den Wiener Humor maßgeblich geprägt."

Humor sei in Wien ungleich mehr als simple Lustigkeit: „Wir haben den Humor zu einer Strategie der Daseinsbewältigung gemacht." Die Wienern nachgesagte Todessehnsucht sei „keine Todessehnsucht, sondern eine ernsthafte Beschäftigung mit dem Tod mittels Humor. In anderen Kulturen wird der Tod einfach totgeschwiegen. In Wien ist es ein spielerischer, koketter Umgang mit einem großen Thema. Ich weiß nicht, ob das ein Training für einen besseren Umgang mit ihm sein soll. Ob man ihn abarbeitet, um ihm den Stachel zu nehmen."

Alfred Dorfer hat zum Thema folgenden Gastbeitrag verfasst:

„... nur du allein?"
Politik ist in Wien nicht immer etwas Großes. Sie wird gemacht im Kaffeehaus, beim Gemüsehändler, im Parlament schon weniger. Und wenn die anderen sie machen, ist sie stets ein Grund zur Kritik. Wien ist nämlich auch die Stadt der Zukurzgekommenen, das fällt dem Zukurzgebliebenen natürlich nicht auf. Politik ist auch etwas mit Druckknopf, sie ist ausschaltbar, verschwindet in manchen Situationen aus dem Gesichtsfeld, einfach so. Die Nachkriegszeit und die mit ihr verbundene Amnesie bestätigt das. Verdrängung kann man es nennen, doch das ist zu akademisch. Es ist einfach eine manchmal sehr unfeine Facette der hiesigen Lebensart.
Daran sieht man: Wien ist keine deutsche Stadt, war es nie und wird es niemals sein. Obwohl die Deutschen die größte hier ansässige Minderheit darstellen. Natürlich gibt es denselben Provinzialismus wie in Köln, Hamburg oder München. Der Kreis der wirklichen Entscheidungsträger ist klein, das rührt aus dem Feudalsystem. Man ist sein eigener trotziger Herr und doch obrigkeitshörig, immer noch. Demokratie ja, aber nur, wenn's um die eigenen Interessen geht, sonst geht's auch so. Und: Wien war immer eine sogenannte Promena-

denmischung, das war schon Goebbels verdächtig. „Der Führer hat die Wiener schon richtig erkannt. Sie stellen ein widerwärtiges Pack dar, das aus einer Mischung zwischen Polen, Tschechen, Juden und Deutschen besteht [...] man hätte sie besser im Zaum halten müssen." Wien war also keine „Führer-Stadt", doch wurde der Landsmann freudig begrüßt. Danach wollte sich keiner daran erinnern, wie erwähnt. Wichtig ist der Außenfeind, jetzt sitzt er halt in Brüssel.

Wer es hier zu etwas bringen will, muss verhabert sein. Haberer ist das wienerische Wort für „Freund". Gemeint ist hier aber nicht die Art von Freundschaft, wie man es in der arabischen Welt versteht. Wer dich dort einmal freundlich grüßt, wird gleich als Freund bezeichnet, und am nächsten Tag ist schon wieder alles vergessen. Der Haberer ist vielmehr ein Freund im Sinne der Seilschaft. Man hilft sich, redet nicht viel drüber, es muss nur nützlich sein. Es geht um die Krähen, die einander kein Auge aushacken. „Da werden wir keinen Richter brauchen!" Man macht es unter sich aus, Mauscheln heißt das dann. Das Gemauschle durchzieht alle Bereiche, von der Politik über die Wirtschaft bis zur Kunst. Klingt ein bisschen mafiös, doch ist in Wien der Ehrenkodex etwas niedriger als in Sizilien, und immerhin, es werden keine Leute erschossen. Andererseits ist dieses System wieder angenehm durchlässig. Es geht oft über weltanschauliche Grenzen hinweg, ist durchaus verschlungen und geheimnisvoll, aber immer effizient. Unberechenbar wie die Stadt selbst. Hier wurde noch nicht der Weg eingeschlagen, den die deutsche Hauptstadt gegangen ist. Berlin ist ja nicht wirklich, Berlin stellt sich ja primär dar. Manchmal als lebensfroh, was besonders lustig ist. Diese zusammengewachsenen Dörfer versuchen wirklich als Weltstadt daherzukommen. Pleite aber sexy, oder so. Berlin gibt sich spürbar Mühe, viel zu spürbar. Bei den ersten Sonnenstrahlen sitzen alle Hauptstädter vor den Lokalen und schlürfen trotzig frierend schlechten Kaffee. Plötzlich macht man einen auf Süden, hey!

Wien gibt sich keine Mühe. Wien dümpelt, pulsiert, schreckt ab, lädt ein und das alles unabsichtlich. „Nur kane Wellen!" Und der Kaffee ist natürlich hervorragend, nicht überall, aber meistens. Ganz wichtig, wenn Genuss ein Kriterium für einen Städtetrip ist. Das Bier in Wien ist dürftig, kein Wunder, es gilt auch nicht in erster Linie als Getränk, mehr als Beilage. Wer etwas Gutes trinken will, nimmt Wein. Haben Sie schon einmal überlegt, in wie vielen wirklich faszinierenden Metropolen dieser Erde Bier das Hauptgetränk ist? Eben. Die oft beschriebene Gemütlichkeit, auch wiederum sehr zweischneidig, existiert. Nur sie existiert anders als kolportiert. Sie ist manchmal Resignation vor dem Fortschritt, manchmal Lebenskunst, dann wieder Ignoranz, um gleich wieder in weise Entspanntheit umzukippen. In Wien ist die Improvisation zu Hause. „Schau ma" heißt nicht ja und nicht nein, es liegt dazwischen. Alles ist möglich, fast fernöstlich, für Deutsche nahezu unbegreiflich, weil es dann irgendwie doch geht. Gefährlich, weil das Irgendwie schnell zur Regel wird, zum Gesetz. Und wenn es plötzlich nicht mehr geht, was immer funktioniert hat, ist es für den gelernten Wiener kein Problem. Weil das Glück ist ein Vogerl und nächstes Mal wird es wieder gehen, halt anders.

Noch ein Wort ist unbedingt notwendig, um Wien zu verstehen, auch politisch: „Wurschtigkeit". Das ist kein Synonym für „egal", das würde Neutralität bedeuten, die dem Wiener auch wichtig ist, aber nur im Sinne der isolierten Abgehobenheit. „Wurscht" ist sehr emotional. Das ist engagierter Nihilismus. Das ist gelassene Erregtheit, hochgradig interessierte Distanz, verletzte Unverwundbarkeit. Wer „Wurscht" versteht, versteht die Stadt und warum eine differenzierte Debatte hier so schwierig ist. Das Ausland belächelt uns oft in dieser Hinsicht. Unverständlich, wie es denn möglich sei, dass in einer Metropole der Kunst, der Musik, der Literatur ein derart unterentwickelter öffentlicher Diskurs üblich ist. Vielleicht ist er uns nicht wichtig, vielleicht ist er uns nicht möglich. Die Medienland-

schaft spricht eher für Zweiteres. In den Feuilletons etwa gibt es kaum Kritiker, verpflichtet dem Kriterium oder Argument. Dort sitzen oft verhinderte Künstler, Zukurzgekommene wieder einmal oder Gralshüter. Doch der Gral, wir wissen es aus der Geschichte, verschwindet gerne, und so entsteht eine Form des Journalismus, der über den geistigen Schrebergarten nicht hinauskommt. Der Journalismus ist in Wien oft mit der Politik verhabert, das macht ihn unglaubwürdig und erklärt seine Achtungswerte, die nur knapp vor denen von Prostituierten liegen. Wienerinnen und Wiener misstrauen ihren Medien, lesen sie dennoch und glauben sogar das Gelesene zuweilen. Wenn es ihnen passt. Die größte Tageszeitung gibt sich als Sprachrohr des Volkes aus, doch wer dem Volk hinterherläuft, sieht immer nur dessen Hintern. Die Stadtpolitik wiederum läuft dieser Tageszeitung hinterher, und so sieht die Politik auch aus. Verfilzt und selbstherrlich. Jedes Volk bekommt die Politik, die es verdient, heißt es. In diesem Fall stimmt das nur zum Teil. So etwas hat niemand verdient.

Doch das alles scheint sekundär zu sein. Wien ist von der Lebensqualität eine wunderbare Stadt. Stets in den weltweiten Rankings unter den Top 3. Zu Recht. Wer gerne lebt, sehr gut isst und trinkt, Kultur zu seinen Interessen zählt, Entspanntheit im Alltag und keinen eventmäßigen Firlefanz braucht, ist hier genau richtig. Wer eine Stadt mit einer Shoppingmall verwechselt, nicht. Der ist in London, New York oder Paris besser aufgehoben. Wien hat die Selbstverständlichkeit der wirklich guten, coolen italienischen Städte. Tourismus gibt es, ja, gerne oder meinethalben, aber die Stadt funktioniert nach ihren eigenen Regeln. So soll es sein. Natürlich gibt es auch das Disneyland für jene Touris, die nicht primär woandershin, sondern lieber in die Vergangenheit reisen. Da können wir auch einiges bieten. Die Fiaker, jene Pferdewagen mit zumeist urigen, unfreundlichen Kutschern, die gar nicht aus der Stadt stammen. Schönbrunn, *eine kleine Reminiszenz an die alte Pracht, oder die Hofreitschule. Nicht zu vergessen der Heurigen. Diese Schenken, vorzugsweise in den Bergen rund um Wien, gelten ja für Klischeefetischisten immer als Spiegel der Wiener Seele. Zu Unrecht natürlich, aber wer will schon ein Klischee killen, das dermaßen einträglich ist? Hier wurde und wird aber wirklich Politik gemacht. Zwar nicht beim Heurigen selbst, aber doch immerhin beim Wein wurde den Russen angeblich der Staatsvertrag abgerungen. „Jetzt singen wir ihnen noch die ‚Reblaus' ...", soll es geheißen haben, und die hart gesottenen Sowjets wurden weich. Schwer vorstellbar, wenn man deren Trinkfestigkeit kennt, doch se non è vero, è ben trovato. Aber: So könnte es tatsächlich gewesen sein. Politik und Alkohol sind in Wien eine beliebte, wenn nicht sogar untrennbare Kombination. So sagt der Volksmund, dass in dieser Stadt ein antialkoholischer Bürgermeister nicht wählbar wäre. In der Tat, sieht man sich die letzten Beispiele an, so strahlen sie alle nicht wirklich Askese aus. Beim Heurigen wird also eher Zynismus ausgeschenkt an alle, die gern belogen werden. Der Wein ist schlecht, obwohl man wesentlich besseren hätte, die kulinarische Seite meist lieblos, aber die Aussicht über die Metropole prächtig.*

Selbst die raunzige Musik ist nicht typisch. Wer schon einmal in Cuba oder in anderen Teilen Lateinamerikas war, weiß das. In den Liedern wird Liebesschmerz besungen, verlorene Zeit oder der Tod. Noch so ein Klischee. Die Liebe zum Sterben sei hier besonders ausgeprägt. Ist das etwa in Neapel anders? Der Tod betrifft uns alle, kennt keine sozialen oder finanziellen Unterschiede. Er hat auch keine Standes- oder Bildungsdünkel. Er ist ein absolutes Gegenprogramm zur Leistungsgesellschaft. Man kann nicht besser sterben als andere. Am Tod scheitern sogar Streber, weil Schneller-Sterben ist eher ein Wettbewerbsnachteil. Insofern ist die Beschäftigung mit dem Tod nicht nur realitätsnah, sondern höchst philosophisch. Manchmal werden die Beerdigungen von prominenten Österreicherinnen und Österreichern im Fernsehen übertragen und haben die höchsten Einschaltquoten. Höher als jede Faschingssendung. Sensationell, wenn man berücksichtigt, dass Begräbnisse normalerweise eher nicht zur Primetime stattfinden. Klar, beim Begräbnis gibt es zwar Pomp und falsche Trauer zuweilen, aber der Akt an sich ist Reality. Das mögen die Leute, und es ist ja auch eine Vorschau fürs eigene Leben. Was hilft es letztlich, Dokusoaps aus der Welt der Superreichen anzusehen, wenn man dort nie hinkommt? Doch eine Bestattung ist für alle eine reale Vision. Natürlich wird der Tod manchmal spielerisch verklärt, klar ist das eine Methode, mit der eigenen Angst umzugehen, aber man steht hier immerhin dazu. Der Pompfüneberer bekommt in der Stadt höchstes Ansehen und Trinkgeld, und es gibt im Wienerischen dutzende Ausdrücke fürs Sterben. Das ist aber keine Liebesgeschichte, wie fälschlich angenommen, eher eine vielleicht zu tiefe Verneigung vor dem Unausweichlichen. Aber bis dahin will man genießen, denn das letzte Hemd hat keine Taschen und vor allem: „Du kannst da nix mitnehmen".

Eine Maxime, die auch für die Politik gilt, nicht aus Weisheit geboren, sondern aus: „Was kost' die Welt!" Hier wird nur selten Politik gemacht für die nächsten Generationen. Wenn, dann eher unabsichtlich. Der Gemeindebau, die U-Bahn, die Donauinsel, alles Erfolgsprogramme, durch welche die Donaustadt zu einem Unikum wurde, zu einer überschaubaren Metropole mit einzigartigem Rhythmus. Und das ist nicht trainierbar, vor allem, wenn man selbst nicht weiß, woher es kommt. Gewisse Neuerungen wurden jedoch störrisch abgelehnt. Wien war zum Beispiel die einzige europäische Großstadt, wo bis vor Kurzem hauptsächlich der Gehsteig als Radweg genutzt wurde. Doch dann hat man, ungeübt aber zielstrebig, ein nicht sehr praktikables Radnetz ausgebaut, um schließlich sogar eine heilige Kuh zu schlachten. Es wird nämlich mittlerweile überlegt, die Magistratsbeamten mit dem Citybike auf Dienstwege zu schicken. Un-

erhört! Nun könnte man sagen, das käme der Beamtenseele ohnehin entgegen, nach oben zu ducken und nach unten zu treten. Doch hier wäre es ausnahmsweise im Sinne einer guten Sache.

Wien und seine Beamten sind ein eigenes Kapitel. Manche meinen, es bedürfe keiner Politik, die wahren Herrscher der Stadt säßen in den Amtsstuben. Es heißt, Bestechung sei hier kein Verbrechen, sondern Brauchtum. Doch das sind böse Gerüchte, natürlich. Schließlich ist Wien eine der bestverwalteten Städte der Welt. Auch das ist Politik, die besonders dann auffällt, wenn sie fehlt. Wie in Neapel, wenn der Mist nicht abgeholt wird, oder wenn Berlin vor dem Schnee als unüberwindbares Naturereignis resigniert und jedes Mal so tut, als käme der Winter diesmal überraschend. In Wien kommt alles überraschend, und doch ist man irgendwie darauf vorbereitet, weil: „Es kann immer was sein". Eine der schönsten Redewendungen ist die Frage: „Was is, wenn was is?" Ins Hochdeutsche kaum zu übersetzen, weder sprachlich noch inhaltlich. „Hoffentlich is nix!" heißt, dass man seiner Hoffnung Ausdruck verleiht, dass nicht irgendetwas Schlimmes passiert ist. Wenn etwas ist, dann ist es primär unangenehm. Die Gegenwart ist also ein Widersacher, den es zu meistern gilt, während die Zukunft im Sprachgebrauch kaum verwendet wird. „Ich werde morgen kommen!" ist gespreizt, die Zukunft überlässt man den anderen, das Jetzt ist schwierig genug. Und doch schön, weil man damit auch Gestriges ausdrücken kann. „Gestern geh' ich auf der Straßen!" Niemals hört der Gast in dieser Stadt das Imperfekt. Das klingt zu hart, zu endgültig, das Perfekt hört sich musikalischer an, und diese Stadt ist schließlich Musik. So musikalisch wie kaum sonst eine. „Ich bin dem Hans begegnet" ist einfach schöner als „Ich begegnete Hans". Besonders weil, und das ist ganz wichtig, vor dem Eigennamen immer der Artikel gesetzt werden muss. Jede und jeder hat sich den bestimmten Artikel verdient. Bitte und Danke dürfen nie fehlen, tja, wie gesagt: Wien ist keine deutsche Stadt. Das ist kein Geschleime, sondern selbstverständlich. Oder höchstens selbstverständliches Geschleime. Man intrigiert hier höflich gegeneinander, manchmal auch selbstlos. Der Intrigant hat oft gar nichts davon. Auch eine Spezialität, die dem Reisenden verborgen bleibt. Doch selbst das hat Charme, vor allem wenn man nicht unmittelbar betroffen ist. Die Stadt wirkt leicht, zuweilen sogar heimelig. Denn die große Politik da draußen macht meistens einen Bogen um Wien. Zieht vorbei und berührt uns kaum. Da wirkt die Stadt wie ein selbstvergessenes Eiland. Es sitzen hier zwar internationale Organisationen wie die UNO oder UNESCO, aber eher aus Höflichkeit uns gegenüber.

Ein spezieller Aspekt der Alltagspolitik des Wieners, mit dem Leben umzugehen, ist auch die Maxime, dass früher alles besser war. Das stimmt natürlich objektiv nicht. Allein wenn man bedenkt, welchen Aufschwung an Lebendigkeit die Stadt in den letzten zwei Jahrzehnten genommen hat. Doch es klingt gut. Und es ist ein Ansporn, das Heute zu meistern, weil das Heute ist das Gestern von morgen, und gestern war ja alles besser. Sie verstehen? Nein? Dann kommen Sie einfach her und alles wird klar oder nicht – wurscht eben.

7 „International in ganz Österreich"
Aufstieg und Absturz des multiethnischen Schmelztiegels Wien

Ein Blick zurück ins alte Österreich des 19. Jahrhunderts reicht, und der Ausspruch „Weltberühmt in Österreich" verliert viel von seiner Absurdität. Da stellen Begriffe wie „Weltoffenheit und Fremdenfeindlichkeit" keinen Widerspruch dar, ebenso wenig wie „International in ganz Österreich". Aber was steckt hinter dem so oft bemühten Begriff „multiethnischer Schmelztiegel", in dessen kulturellem Durcheinander die Wiener Basar-Mentalität entstanden ist, die doppelbödige Wiener Gerissenheit, die Krämerei mit Geheimnissen, die Spionage in eigener Sache?

Die Tatsache, dass man im 19. Jahrhundert und besonders unter der Regentschaft Kaiser Franz Josephs I. (1848 bis 1916) alles unternommen hat, um möglichst viel Zuwanderung nach Wien zu erreichen, erscheint nur im Licht der heutigen migrationspolitischen Logik als verkehrte Welt. Und dass man den multiethnischen Zustrom massiv forcierte, auf die Zugeströmten aber hohen Druck ausübte, sich zu assimilieren, klingt ebenfalls paradoxer, als es ist. Dafür gab es monarchie-politische Gründe: Je bunter der Reigen der Vielvölkerschaft in der glänzenden Reichsmetropole, desto riesiger das Reich, desto herrlicher der Kaiser.

In Wien wurde mit voller Absicht eine Bevölkerungsexplosion ausgelöst: Während man im Jahr 1810 in Wien rund 240.000 Einwohner gezählt hatte, waren es 1910 mehr als zwei Millionen. Man lancierte den Bau zahlreicher „Nationalitäten-Viertel" – doch nicht, um diese ethnischen Gruppen auszugrenzen, sondern um es ihnen heimelig zu machen. Was man heute Ausländer-Ghettos nennen würde, war damals als visionäres Lockmittel für den weiteren Zuzug gedacht. 1858 vertrat die Tageszeitung „Ostdeutsche Post" diese Idee und argumentierte mit dem zu erwartenden integrativen Effekt: „Um der Centralisation Oesterreichs einen ewigen und unauslöschlichen Denkstein zu setzen, ist es von Wichtigkeit, den Nationen dieses großen Kaiserstaates bei dem gegenwärtigen Umbau Wiens in dieser Weltstadt eine Heimat zu geben. Dies wird möglich, wenn man ein italienisches, ungarisches, slawisches, griechisches Viertel beantragt ... Alles würde sich nach Wien drängen, die Elite des Kaiserstaates würde sich um den kaiserlichen Thron scharen. Das deutsche Element ist in Wien so überwiegend, daß es für ewige Dauer daselbst gesichert ist. Das Heranziehen fremder Elemente würde jedoch in politischer Beziehung in die Geschichte Oesterreichs tief eingreifen und wohltätig wirken und die Centralisation Oesterreichs besiegeln ... so würde eine glückliche Ausführung dieser Idee Wiens Ruhe befestigen, durch die faktische und kompakte Einbürgerung der Nationen Oesterreichs in Wien."

Der Linzer Historiker Michael John zitiert diese Passage aus der „Ostdeutschen Post" in seinem Aufsatz „Mosaik, Schmelztiegel, Weltstadt Wien? Migration und multikulturelle Gesellschaft im 19. und 20. Jahrhundert". John erklärt die große Nachfrage nach dem Zuzug Fremder mit einem Repräsentations-Ziel des Kaisers, dessen Reich desto größer und mächtiger erscheine, je größer, bunter und vielschichtiger sich seine Residenzstadt zeige. Zumindest in der ersten Hälfte des 19. Jahrhunderts sei die Idee des Nationalismus noch kein dominanter Aspekt gewesen. Die kaiserliche Migrationspolitik sei also „dynastisch" motiviert.

Die Idee des Nationalismus mit seiner Sehnsucht nach sprachlich und ethnisch homogenen Staatsgebilden sei erst in der Folge zum Zeitgeist geworden und habe erst dann die aufkommenden Nationalitätenkonflikte innerhalb des Vielvölkerreiches der Monarchie bewirkt.

Was man heute Fremdenfeindlichkeit nennt, ist, so viel kann man ohne großes Risiko sagen, im Kern etwas Deutsches. Es war die deutschsprachige Bevölkerungselite der Monarchie, die Wien unter allen Umständen als deutsche Stadt verstanden haben wollte und alles unternahm, sie zumindest politisch als deutsche Stadt auszuweisen. Da wurde Minderheiten das Öffentlichkeitsrecht für deren Schulen verweigert; da wurden Volkszählungen manipuliert, um Wien als zu 90 Prozent deutschsprachig darzustellen; da wurden Ethnien gleich gar nicht als nationale Minderheiten anerkannt.

Michael John schildert diese Entwicklung Wiens in seinem Aufsatz, aus dem die folgenden Fakten stammen.

Wien ist in den tausend Jahren seit seiner Gründung immer schon ein von regem Zuzug gekennzeichneter Ort gewesen, der wegen seiner Lebenslust oft gerühmt wurde. Massiv gesteigert wurde diese Entwicklung durch die Industrialisierung und die damit verbundene Urbanisierung des 19. und 20. Jahrhunderts, durch die Steigerung der Mobilität durch bessere Transportmittel und durch liberalisierte Niederlassungsbestimmungen. Unter Franz Joseph I. wechselten Millionen Menschen unterschiedlicher Nationalität ihre Wohnorte. Wien übte als glitzerndes Zentrum des Kaiserreiches große Anziehungskraft aus. Das 19. Jahrhundert war zwar die Zeit des aufsteigenden Nationalismus, dieser war aber bis etwa 1860 für das Alltagsleben nicht bestimmend; die Sprache war keine wesentliche Frage der Identität. Der politische Überbau war keine Nation, sondern eine Dynastie.

Selbst als die nationalistischen Strömungen an Kraft gewannen und die dynastischen Überlegungen zunehmend zurückdrängten, sollte die Kaiserstadt Wien als supranationales Zentrum erhalten bleiben. „Wien ist die Hauptstadt des ganzen Reiches und die Hauptstadt ist international in ganz Österreich", sagte der böhmische Abgeordnete Adolf Stránský noch nach der Jahrhundertwende im Reichsrat.

International schon, aber deutsch: Das war die Devise der Deutschsprachigen. Bei mehreren Volkszählungen wurden diffuse Fragen nach nur einer Umgangssprache gestellt. Nach der Volkszählung von 1900 wurden 92 Prozent der Bevölkerung als deutschsprachig eingestuft. Somit war Wien eine „deutsche Stadt", nicht nur für die Deutschnationalen und die Christlich-Sozialen um Karl Lueger, sondern auch für die Sozialdemokraten Victor Adler, Otto Bauer und Karl Renner.

Wahr war etwas anderes: Mehr als 500.000 Personen, ein gutes Drittel der Einwohnerschaft Wiens, stammten aus verschiedenen, nicht-deutschsprachigen Gegenden der Monarchie: Tschechen, Slowaken, Kroaten, Ungarn, Krainer, Italiener, Griechen, osteuropäische Juden und viele andere. Das Wiener Straßenbild glich einem bunten Trachten-Aufmarsch, in dem zahlreiche Sprachen zu hören waren. Auch die Militäruniformen mit den ungarischen Honvéds oder der bosnischen Elitetruppen erinnerten an einen Kostüm-Ball. Wien war ein südöstliches Exotikum, das mit dem Rücken zu den Alpenländern stand.

Der Durchbruch des Nationalismus kam in den 1880er-Jahren. Um die Vormachtstellung des deutschen Elementes abzusichern, wurde der Assimilationsdruck besonders auf die größte nicht-deutschsprachige Minderheit der Tschechen erhöht. Wien galt mit seinen 400.000 Tschechen als zweitgrößte tschechische Stadt Europas. 1897 wurde im Rathaus beschlossen, die Tschechen nicht als nationale Minderheit anzuerkennen und deren Schulen das Öffentlichkeitsrecht zu verweigern. Die Schutzmaßnahmen für das deutsche Wien nahmen groteske Formen an: So mussten die Tschechen offiziell schwören, den deutschen Charakter der Stadt nach Kräften aufrechtzuerhalten. Und die Wiener Juden waren längst mit dem hochkochenden Antisemitismus in der Gemeindepolitik und im Alltag konfrontiert.

Der traditionellen Mehrsprachigkeit und Überregionalität standen die neuen Trends Nationalismus und Assimilationsdruck gegenüber. Beides gleichzeitig konnte man nicht wollen, also musste man sich entscheiden. Die Folge waren Identitätskrisen. Hugo von Hofmannsthal schrieb: „Wir besitzen unser Selbst nicht, von außen weht es uns an."

Dieser schizophrene Doppelcharakter der Gesellschaft, diese unmögliche Mischung aus multiethnischen und nationalistischen Bestandteilen ging quer durch alle Gesellschaftsschichten auch außerhalb von Wien. Alles drehte sich um Assimilation. Mit einem tschechischen Namen konnte man in Wien nichts mehr werden. Nach dem Ersten Weltkrieg wollten die „Gründerväter" der Ersten Republik dieses Land „Deutschösterreich" taufen, was von den Siegermächten nicht zugelassen wurde.

Das Selbstwertgefühl des Österreichers, vor allem des Wieners, war ab 1918 nicht mehr von der Monarchie getragen, sondern vom Untergang. Untergang war zu einem Identität gebenden Wert geworden.

Jetzt tauchte erstmals ein Phänomen auf, das bis in die heutige Gegenwart nicht aufgehört hat, an Profil zu gewinnen: die „Ausländerfrage". Jetzt, nachdem Österreich vom riesigen Reich zu einem winzigen Landstrich geschrumpft war, waren viele vormalige Inländer plötzlich Ausländer. Jetzt gab es Bestrebungen, diese Neu-Ausländer, ehemalige Staatsbürger der Doppelmonarchie, aus Österreich auszuweisen, was letztlich nicht funktionierte. Das zu einem Zwerg-Staat geschrumpfte Weltreich Österreich wurde in der Zwischenkriegszeit erstmals in seiner Geschichte zu einem Land mit mehr Aus- als Einwanderung.

Die Riesenstadt Wien stand jetzt als letzter Überrest einer versunkenen Welt ganz allein da. Der Hauptstadt eines Weltreiches war das Weltreich abhandengekommen und hatte sie zum „Wasserkopf" eines Kleinstaates gemacht, von dem sich nun auch noch die letzten Verbliebenen trennen wollten. „Los von Wien" war ein Slogan, mit dem man in den Bundesländern Wahlkämpfe gewinnen konnte. In der Folge verlor Wien immer mehr politische Zuständigkeiten an die Bundesländer. Karl Kraus nannte das die „Verlinzerung Wiens".

Doch es sollte noch tiefer gehen: Nach dem Anschluss an Nazi-Deutschland verlor Wien auch noch die Funktion einer Hauptstadt und damit den letzten Rest an Bedeutung. Jetzt war es die Hauptstadt eines Weltreiches ohne Weltreich und ohne Hauptstadt. Dass es dann im Gegensatz zu Linz nicht einmal in die NS-Kategorie der „Führer-Städte" aufgenommen wurde, tat schon gar nichts mehr zur Sache. Wien war ganz unten angekommen. Und es war schon tot, als es auch noch überrannt, zerschossen und geviertelt wurde.

Danach aber war es erstmals wirklich frei. Und gleich ging es wieder ums „Durchkommen", dem Hauptmotiv im Leben des Wieners. Der Kalte Krieg bot reiche Möglichkeiten für den Einsatz seines nachrichtendienstlichen Naturtalentes, seiner subtilen Intelligenz für das Herauslocken und gewinnbringende Weitergeben von Geheimnissen, die er in den Höhen und Tiefen seiner Geschichte entwickelt hat. Abertausende Wiener spionierten nun gegen Geld für die zahlreichen Geheimdienste, die sich im besetzten, am Schnittpunkt zwischen Ost und West gelegenen

Wien niedergelassen hatten. Die Wiener stellten mehr Spione als alle diese Spionage-Organisationen zusammen.

8 | Für eine Handvoll Kronen
Abertausende Wiener verkauften den Geheimdiensten Seifenblasen

Wien war im Kalten Krieg nicht gerade ein Hort für spektakuläre Spionage-Erfolge, sondern eher ein riesiger Flohmarkt für Seifenblasen, auf dem die Wiener mit ihrer Basar-Gerissenheit alles verkauften, was genommen wurde. Und genommen wurde fast alles. Die Österreicher betrieben Spionage mit Wiener Schmäh und machten sich ein gutes Zubrot in einer schwierigen Zeit. Als „Geheimnisse" verkauften sie den Nachrichtendiensten Nutzloses wie ein Reiseprospekt aus Südkorea eine Telefonliste firmeninterner Nebenstellen der Voest Alpine, die Jahresbilanz eines niederösterreichischen Sägewerks, die Speisekarte einer japanischen Delegation auf Staatsbesuch in Wien.

Die meisten der Abertausenden Österreicher haben die ausländischen Dienste, für die sie spioniert haben, ziemlich abgezockt. Der damalige tschechoslowakische Chef-Spion Ladislav Bittman heute: „Viele österreichische Regierungsbeamte verbesserten ihren Lebensstandard durch geheimes Arbeiten für einen oder gar mehrere Geheimdienste, ob aus dem Osten oder dem Westen. Das Hauptquartier des tschechischen Dienstes in Prag wurde mit langweiligen Berichten über die österreichischen Parteien und deren vorhersehbaren politischen Schritte überflutet. Der praktische Wert dieser Berichte lag nahe bei null."

Das große Geschäft mit der heißen Luft war nur möglich, weil die allermeisten Ost-Agenten nicht gerade vor Allgemeinbildung glänzten, völlig uninformiert und gänzlich unausgebildet waren. Der Wiener Historiker Philipp Lesiak vom Ludwig Bolzmann-Institut für Kriegsfolgen-Forschung hat die vergangenen Jahre mit der Erforschung von Tausenden Akten des tschechischen Geheimdienstes zugebracht, die ihre Spionage während des Kalten Krieges in Österreich betreffen und einige Zeit in Moskauer Archiven einsehbar waren. Lesiak: „Die Auslandsspione der Tschechen waren eine Elitetruppe, aber genauso dämlich wie die anderen. Der gesamte tschechische Geheimdienst hatte ein riesiges Bildungsproblem, nachdem das Regime wie wild gesäubert und in klassenkämpferischen Utopien alles Intellektuelle entfernt hatte. Die Hälfte der Mitarbeiter hatte keinen Volksschulabschluss. Ihre österreichischen Spione haben ihnen vieles aus der ‚Kronen Zeitung' erzählt und die haben das spannend gefunden. Die haben nicht einmal Zeitung gelesen. Die sind erstickt in der Info, die keine war."

Die Tschechen hätten nichts verstanden und alles gekauft. Leichte Beute für die Österreicher, die „keinen großen Stress hatten" (Lesiak), Geschichten aufzutischen und dafür zu kassieren: „Auch vieles, was ein Österreicher als Scherz gemeint hat, ist von denen total ernst genommen worden. Die haben alles irgendwohin interpretiert und komplett anders bewertet."

Lesiak und seine Kollegen haben in den Akten nicht weniger als 12.000 Namen österreichischer Zuträger gefunden: „Es gibt Dubletten darunter und manche Personen, die glaubhaft nicht einmal davon gewusst haben, dass sie angezapft waren." Zum Beispiel sei der „Nazi-Jäger" Simon Wiesenthal als CIA- und als Mossad-Agent bezeichnet worden. Lesiak: „Alles, was die wollten, war, einen in das Wiesenthal-Zentrum einzuschleusen. Ob das gelungen ist, ist unbekannt. Im Akt steht jedenfalls nur Mist."

Wenn die Tschechen österreichische Zuträger rekrutierten, war das ein langer, zögerlicher Prozess: „Die Anbahnung hat ein Jahr gedauert", so Lesiak, „die haben dich ein Jahr lang angeschaut und überlegt, was sie mit dir machen könnten."

Innerhalb des tschechischen Geheimdienstes gab es offenbar alles andere als frohes Schaffen: „Die Tschechen haben ihren eigenen Leuten misstraut. Das Wichtigste für die Beamten war das eigene Überleben. Die Hauptenergie war nach innen gerichtet. Viele Beamte haben gefälschte Quittungen über Informationshonorare vorgelegt und das Geld selber eingesteckt."

In den durchforsteten Aktenbergen finden sich kaum operative Akten. Solche also, die von den Agenten selbst verfasst wurden und direkte Berichte über Spionage-Aktionen im Originalton enthalten. Da gibt es kaum Berichte über Treffen mit Informanten und über die Quellen ihrer Informationen. Die meisten sind Akten über Akten, verfasst von der nächsthöheren Beamten-Ebene. Lesiak: „Viele Akten schauen spannend aus, doch da gibt es kaum Originalberichte, fast nur abstrahierte Zusammenfassungen, Übersichten und die Geschichte der Akten. Da sind Angaben, welches Gespräch wann was gekostet hat, aber kaum Berichte der Geheimdienstler selbst." Es sei nicht einschätzbar, was davon wahr sei und was nicht: „In einem totalitären Regime will jeder der nächsthöheren Ebene gefallen. Nicht alles ist erstunken und erlogen, aber man weiß nicht, wie viel wahr ist und was der Spion nur behauptet und das Geld selber einsteckt."

Geradezu repräsentativ für die Masse der Wiener Seifenblasen-Spione ist der erst 2009 aufgeflogene Helmut Zilk, dessen Geheimdienst-Akte das Nachrichtenmagazin „profil" veröffentlicht hat.

Helmut „Holec" Zilk war kein erfolgreicher Spion, aber ein tüchtiger Nehmer, der fehlende inhaltliche Substanz durch Performance ersetzt hat. Weil er nicht wirklich etwas wusste und auch kaum etwas in Erfahrung bringen konnte, hatte er auch praktisch nichts Relevantes zu verraten, das aber für gutes Geld und schöne

Geschenke. Wenn stimmt, was manche Historiker und Zeitzeugen glauben, dann war Zilk ein Spion mit doppeltem Schmäh, oder besser gesagt ein Doppel-Spion, der möglicherweise Berichte über seine geheimdienstlich wertlosen Treffen mit den Tschechen auch an die Amerikaner geliefert hat. Sein wesentlichster Verrat waren Informationen über die Haltung Österreichs in der Diskussion mit den Tschechen über die Entschädigung für die vertriebenen Altösterreicher, was wenig später ohnehin öffentlich bekannt wurde. Ansonsten hat Zilk wie Tausende andere Wiener „vieles erzählt, was in Österreich jeder aus den Medien wusste. Doch die Tschechen fanden das wahnsinnig geheim", bestätigt Historiker Lesiak.

Es existieren keine Beweise dafür, dass Zilk Doppelagent war. Klarheit wird es erst in einigen Jahren geben, wenn amerikanische Archive ihre Aktendeckel lüften. Aber es bestehen Indizien, die diesen Schluss plausibel erscheinen lassen. Als bewiesen gilt: Zilk hat zwischen Dezember 1965 und Juni 1968 Informationen über die österreichische Innenpolitik an den Auslandsgeheimdienst der ČSSR, Rozwedka, geliefert und dafür Geschenke und Bargeld erhalten. Es gibt Belege über insgesamt 70.000 Schilling (nach heutiger Kaufkraft etwa 30.000 Euro), die Zilk meist mit „Johann Maiz" unterschrieben hat. Nur die allererste Quittung unterschrieb er mit seinem echten Namen. Die Tschechen führten ihn unter dem Decknamen „Holec". Zilks „Führungsoffizier" (der Kontaktmann) war zunächst Jiří Stárek, dann Major Ladislav Bittman, der in diesem Buch des Öfteren vorkommt. Regelmäßig fanden in Wiener und Prager Hotels, manchmal sogar in Zilks ORF-Büro oder in seiner Wiener Privatwohnung Gespräche und Geldübergaben statt, von denen viele auf Tonband aufgezeichnet und dem Akt beigelegt wurden.

Als 1968 Sowjet-Panzer in Prag einrollten, um den „Prager Frühling" zu beenden, wurde es auch für Zilk brenzlig. Viele

Ost-Geheimdienstler, die ohnehin Anhänger der Reformbewegung waren, setzten sich in den Westen ab. Darunter auch die Führungsoffiziere Stárek und Bittman. Historiker Philipp Lesiak: „Aus dem Akt Bittman geht hervor, dass die Tschechen wegen seines Absprunges komplett die Nerven verloren haben." Stárek blieb in Österreich und „kooperierte" mit der Staatspolizei. Bittman ging nach München und „kooperierte" mit dem CIA, bevor er nach Amerika weiterreiste.

Unmittelbar danach flogen die ersten Österreicher auf, die gegen ihre eigene Republik spioniert hatten. Im Zuge dieses Spionage-Skandals wurden 268 Verdächtige überprüft, darunter auch Zilk und sein damaliger Chef, ORF-Generalintendant Gerd Bacher. Doch nichts passierte.

In der Prager Geheimdienst-Zentrale hielt man am 24. Jänner 1969 genervt und verwundert fest: „Stárek ist im September abgesprungen und wurde von der österreichischen Fremdenpolizei verhört ... Warum gibt es keine Maßnahmen gegen Zilk? Arbeitet er für feindliche Dienste? Quittungen und Tonbänder sind Möglichkeit der Kompromittierung."

In einer Aktennotiz vom 8. Juli 1969 steht: „Die österreichische Staatspolizei ist über unsere Beziehungen mit Zilk informiert." Der Spionage-Akt Zilk der österreichischen Staatspolizei existiert seit September 1968, doch der größte Teil davon verschwindet irgendwann danach.

Lesiak: „Die österreichische Staatspolizei wusste schon sehr früh über Zilk Bescheid. Die haben nichts gemacht, entweder weil zu wenig Substanz da war, oder weil Zilk Doppelspion war."

Zu wenig Substanz war es wohl kaum. Bei einem Gerichtsverfahren gegen einen Mitarbeiter des Bundespressedienstes 1971, der einige Geschenke und Spesenersatz angenommen hatte, erklärte das Gericht, es sei für den Tatbestand der Spionage nicht erforderlich, „dass die im Einzelnen weitergegebenen Nachrichten besonders geheime Umstände betrafen". Auch müssten die gesetzten Handlungen nicht wirklich von Nachteil für Österreich sein.

Aber warum soll Zilk Doppelspion gewesen sein? Lesiak: „Als Wissenschaftler kann ich keine Urteile fällen, es ist eher ein Bauchgefühl und mein Chef Stefan Karner hat das auch öffentlich angedeutet." Die These dränge sich von selbst auf: „Irgendwie komisch: Alle fliegen auf, nur Zilk nicht. Alle Österreicher, die ähnlich wie Zilk gearbeitet haben, wurden verfolgt. Zilk bleibt verschont und er bleibt Fernsehdirektor, obwohl die Stapo mit Sicherheit alles wusste." Wer noch mit Sicherheit alles wusste, waren die Amerikaner, bei denen Überläufer aus dem Osten endlos ausgepackt haben. Lesiak: „Logisch wäre, dass die Amerikaner Zilk aus der Schusslinie genommen haben, eben weil er für sie gearbeitet hat. Und dass die österreichische Stapo auf Geheiß der Amerikaner ihre Finger von Zilk gelassen habe, ist nicht weit hergeholt, weil die Stapo sowieso für die amerikanischen Geheimdienste gearbeitet hat. Auch wenn Zilk den Amerikanern nur von seinen Treffen mit den Tschechen berichtet hat, wäre das schon etwas wert gewesen."

Der tschechische Ex-Außenminister Karel Schwarzenberg fackelt da gar nicht lange herum. Während eines Kuraufenthaltes in Maria Wörth sagte er gegenüber dem Journalisten Otmar Lahodynsky: „Natürlich war Wien für die Ostblock-Staaten ein interessantes Zentrum für Nachrichtenaustausch. Helmut Zilk war ein Doppelspion. Er hat für den tschechischen Geheimdienst Informationen beschafft, später aber auch für die Amerikaner. Er hat ja in einer Wohnung in der Naglergasse 2 gewohnt, wo bekanntermaßen auch die US-Botschaft Wohnungen für Agenten gemietet hatte."

Und was sagt Ladislav Bittman, damals Zilks tschechischer Vorgesetzter, heute? Er antwortet mit feiner Klinge: „Verzeihung, ich habe meine Ansichten über Zilk einige Male zum Ausdruck gebracht und ich beabsichtige nicht, wieder in diese Diskussion einzusteigen." Im Nachsatz seiner via E-Mail übermittelten, in Englisch verfassten Antwort deutet er an, aus persönlichem Mitgefühl mit Zilk auf eine konkrete Stellungnahme zu verzichten, ihm also nicht schaden zu wollen: „He was a decent human being."

Bittman ist ein angesehener Experte für Desinformation, der das Fach jahrzehntelang mit großem Erfolg an der Boston University lehrte. „Decent" heißt „anständig". Das können freilich Doppelspione auch sein. „Decent" wird aber auch mit „nützlich" übersetzt. Wobei Zilk eher angenehm als nützlich gewesen sein dürfte. Aber: Was hält Bittman davon ab, die Frage, ob er denke, dass Zilk Doppelspion war, einfach zu verneinen?

Auch wenn im tschechischen Geheimdienst nicht selten Akten mit zweifelhaften Inhalten über ihre Zuträger angelegt wurden, treffe das nicht auf Zilk und seine Dienste für die Tschechen zu, sagt Lesiak: „Ich glaube vieles, was da drinnen steht. Wenn man sich den Aktenlauf anschaut, ist das sehr überzeugend. Da ist vieles drinnen, das man nicht erfindet. Damals gab es keinen Grund dafür. Aus dem Akt geht klar hervor, dass die Tschechen sich am Anfang überlegt haben, was könnten wir mit dem machen und sie haben sich angeschaut, was der überhaupt so treibt: Hat der eine Freundin, hat er ein Auto, hat er Geld? Was Zilk ihnen an Informationen liefern konnte, war ihnen fast egal. Wirklich interessiert haben sie sich nur für schmutzige, persönliche Details, damit die Informanten, wenn nötig, erpressbar wurden und man sie bei Bedarf vernadern konnte. Darüber haben sie seitenlange Berichte gemacht. Das war Passion und Grundsatz der Ost-Geheimdienste."

Die Tschechen hätten mit Zilk jemanden kennengelernt, „der gerne plaudert, sehr eitel war und der SPÖ nahestand. Die dachten sich, dass man den nur bei seiner Eitelkeit packen muss. Und sie haben recht gehabt. Der Herr Zilk hat gern mehr erzählt." Und in seinem Fall gibt es nicht nur abstrakte Akten mit nicht einschätzbaren Behauptungen, sondern auch Tonbandmitschnitte von Treffen in Wien und Prag, bei denen Geld übergeben wurde. Diese Tonband-Mitschnitte dienten aber auch zur Überwachung der eigenen Mitarbeiter.

Wie Zilks Treffen mit seinen Führungsoffizieren abliefen und welchen Eindruck der eitle Wiener Fernseh-Promi dabei machte, geht aus zahlreichen Berichten und Aktennotizen hervor. Einige Beispiele:

Niederschrift Stárek, 7.11.1966, Hotel International/Brünn:

„In der Diskussion über die Verhandlungen der Deutschen und Amerikaner mit diversen österreichischen Politikern erwähnte Holec auch, dass ab und zu jemand etwas bekommt (Sachgegenstände wie auch Geld). Er hat das keineswegs verurteilt, sondern verstand es vielmehr als ein selbstverständliches Zubrot ..."

Bericht Bittman, 14.1.1967, Hotel Alcron/Prag:

„Ein wichtiger Gesprächsteil war die Frage der Belohnung. Ich gab ihm 5000 Schilling und sagte für die Zimmerabhörung, dass ich ihm wieder Geld gebe und dass er den Empfang mit dem Namen Maiz bestätigen könne. Dann sprach ich ihn mit seinem richtigen Namen an und sagte, dass es gewisse Möglichkeiten gebe und dass es von der Menge und den Nachrichten abhängt, ob ich ihm maximal entgegenkommen kann. Aus diesem Gesprächsabschnitt wird klar, dass Holec Geld für seine Lebensweise benötigt. Er nahm es mit großer Lust an und unterschrieb die Quittung. Es handelt sich in Wirklichkeit um das Hauptmotiv unserer Zusammenarbeit ..."

Bericht Stárek, 18.5.1967, in der Wiener Wohnung von Holec:

„Habe ... von einer dänischen Firma für Diplomaten diverse Waren (Alkohol, Zigaretten, Konserven) für Holec eingekauft und übergebe ihm diese Waren tranchenweise. Die Verpackungen wurden beseitigt, sodass nicht erkennbar ist, dass die Ware von dieser Firma stammt."

Bericht Bittman, 27.5.1967, Zilk ist frisch gebackener Fernsehdirektor des ORF:

„Es geht ihm jetzt materiell besser, aber persönlich ist er nicht besonders zufrieden: Erschöpfung, Verantwortung. Seine Reaktion auf die 1500 Kronen: Er sagte, dass er jetzt das Geld nicht so nötig hätte wie früher. Ich sagte ihm, er solle es ruhig annehmen, damit er nicht Schillinge wechseln muss. Er nahm das Geld ... Er nimmt sehr gerne Geschenke und Aufmerksamkeiten entgegen."

Bericht Bittman, 18.11.1967, Hotel Alcron/Prag:

„Gegen Gesprächsende wurden Holec 1500 Kronen übergeben, für die er sich bedankte. Gegenüber dem letzten Treffen wurde klar, dass Holec schrittweise zu seinen früheren Gepflogenheiten zurückkehrt und dass die materielle Seite doch einen großen Einfluss auf ihn hat ... Zusammenfassung: Das materielle Interesse kann man auch jetzt, nach Besserung seiner finanziellen Lage, nicht unterschätzen. Mehr Aufmerksamkeit ist jedoch der Belohnungsform und der Gesamtform des Umganges in den Beziehungen mit Holec zu widmen."

Notiz Bittman, Hotel International/Brünn:

„Er nennt Prag die schönste Stadt der Welt. Er sagt, er hätte gerne eine Garçonnière in der Altstadt oder auf der Kleinseite."

Bittman, 11.12.1967, Hotel Alcron/Prag:

„Holec würde sehr schätzen, wenn wir ihm helfen könnten, einen Kuraufenthalt für seinen Schwiegervater zu organisieren ... Im Zimmer habe ich das Geld herausgeholt und gesagt, dass wir ihm eine kleine Aufmerksamkeit geben wollen. Holec reagierte jedoch anders als in der Vergangenheit. Er sagte, dass es doch selbstverständlich sei, was er für uns mache und dass er nichts brauche. In der Ablehnung war mehr Entschiedenheit als in der Vergangenheit … Trotz seiner entschiedenen Äußerung, dass die gezeigte Summe für ihn keine Bedeutung habe, schaute er immer wieder auf das Geld und zeigte so, dass er es gerne nehmen würde. Ich sagte, dass er es wieder mit dem Namen Maiz unterschreiben soll. Holec bedankte sich, unterschrieb und nahm das Geld."

9 | Doppelnull statt 007
Geheimdienste produzieren generell hauptsächlich Abfall

Wie der NSA-Daten-Skandal rund um Edward Snowden wieder einmal gezeigt hat, hat sich an den Methoden und der Produktivität von Geheimdiensten bis heute wenig geändert. Es wird nicht gezielt ausspioniert, was konkret gebraucht wird, sondern einfach alles zusammengerafft, was zu bekommen ist. Auf der Suche nach Nadeln werden ganze Heuhaufen eingefahren, die so gigantisch groß sind, dass jede Suche darin sinnlos ist. Nachrichtendienste haben immer schon hauptsächlich Schuttberge produziert. Wer sich bedroht fühlt, über die Bedrohung aber nichts Genaues weiß, für den kann alles von Bedeutung sein.

Viktor Kalaschnikow war KGB-Offizier und von Dezember 1988 bis Februar 1992 (also während des Zusammenbruchs des Kommunismus) in der Wiener Residentur des sowjetischen Geheimdienstes tätig. Der KGB habe 300 Offiziere allein für die Verwaltung dieser Berge an beschafften „Informationen" beschäftigt, schreibt Kalaschnikow im Konzept für ein Buch, an dem er arbeitet. Der Mann gehörte zur außenpolitischen Sektion der sowjetischen Botschaft in Wien und war Mitglied der KSZE-Delegation. Der heute noch oft in Wien aufhältige Ex-Spion war als „Auswerter" eingesetzt. Kalaschnikow: „Das bedeutet, dass sämtliche im Feld Österreich und Umland erworbenen Informationen beziehungsweise Unterlagen zu Politik, Wirtschaft und Militär über meinen

Schreibtisch gingen. Mein Job war es, die Beschaffung zu koordinieren, die Grundinformationen auszuwerten, zusammenzufassen und täglich an die Zentrale weiterzuleiten." Nicht ohne Stolz merkt er an, dass seine Arbeit im Jahr 1991 „von Jewgeni Primakow als zweitbeste weltweit gelobt wurde." Primakow hat damit kaum die Brisanz der Informationen gemeint, sondern eher die Verwaltung der Nichtinformation. Denn der riesige Aufwand, den sämtliche Geheimdienste seit dem Kalten Krieg betrieben haben, stand in keinerlei Verhältnis zum oft mehr als bescheidenen nachrichtendienstlichen Erfolg. Aber sie haben bis heute nicht aufgehört, diesen Aufwand zu betreiben.

Die Stimmung im KGB während des Zusammenbruchs des Kommunismus sei von zunehmender Spannung geprägt gewesen, schreibt Kalaschnikow. Es habe viel Nervosität und Misstrauen nach innen gegeben. Schauprozesse gegen und Exekutionen von Verrätern aus dem eigenen Apparat hätten regelmäßig stattgefunden. Die Russen hätten den Zusammenbruch des Kommunismus keineswegs als „endgültige Niederlage gesehen", sondern im Gegenteil auf Rache gesonnen. Der Ex-KGB-Mann: „In Wien wurde uns klargemacht, dass wir uns reorganisieren, zusammenfassen und eine neue Offensive, ja eine Rache-Aktion starten."

Das war 35 Jahre nach dem offiziellen Ende des Kalten Krieges, der inoffiziell nie geendet hat. Damals waren in Wien Hundertschaften ausländischer Agenten damit beschäftigt, Tausendschaften inländischer Informanten anzubahnen, zu rekrutieren, zu betreuen und deren Leistungen auszuwerten. Riesige Berge Unterlagen stapelten sich in den Wiener Residenturen der verschiedenen Geheimdienst-Organisationen und warteten darauf, gesichtet, bewertet und in komprimierter Form in die Zentralen nach Ostberlin, Moskau, Prag, Washington oder anderswohin übermittelt zu werden.

Aber geheimdienstlich wirklich viel zusammengebracht haben sie in Wien alle nicht. Die Profis von KGB, CIA, Mossad, Rozwedka oder wie sie alle heißen, waren in Wahrheit nicht viel besser als die Wiener Amateur-Spione, die ihre Zuträger waren. So gilt eine bestimmte KGB-Operation als das absolute Highlight des sowjetischen Geheimdienstes während des Kalten Krieges, bei der der Unterhaltungswert deutlich größer ist als die nachrichtendienstliche Relevanz. Der damals in Wien stationierte CIA-Agent Tennent H. Bagley schreibt in seinem eben in den USA erschienenen Buch „Spymaster: Startling Cold War Revelations of a Soviet KGB Chief" (Skyhorse Publishing, 2013) über seine Freundschaft mit dem damaligen Vize-Chef der Wiener KGB-Residentur, Viktor Kondraschew. Die folgende Episode war laut Kondraschew „eine der erfolgreichsten Operationen" des KGB im Wien des Kalten Krieges.

Zitat Bagley: „Es begann mit beunruhigenden Nachrichten und Anweisungen für Sergey aus Moskau: ‚Sowjetische Geheime werden in Wien verraten. Finden Sie heraus, wie.'" Moskau hatte von einem Maulwurf innerhalb des französischen Geheimdienstes erfahren, dass Paris wichtige politische und wirtschaftliche Geheimnisse der Sowjetunion erhalte. Laut KGB-Analysten flossen die Informationen aus militärischen Kanälen der Franzosen in Wien. Sergey Kondraschew machte sich auf den Weg und wurde fündig. Was er dabei leisten musste, war in etwa ein Äquivalent dessen, was recherchierende Journalisten auch in Friedenszeiten jeden Tag machen, ohne danach groß Bücher zu schreiben: Kondraschew rief einen Verbindungsmann an, der im militärischen Geheimdienst der Franzosen saß. Und der teilte ihm die Adresse des gesuchten Verräters sowie einige Details über dessen Wohnung mit. Das Ergebnis dieses „großen Erfolges" habe die Erwartungen noch „weit übertroffen".

Die Wohnung des Verräters befand sich im zweiten Stock eines „großen Hauses" in der Wiener Innenstadt, nahe am Stephansplatz. Die KGBler studierten die Anordnung der Räume und die Lage des Safes, kopierten Schlüssel und arbeiteten einen minutiösen Plan aus. KGB-Techniker, die extra aus Moskau anreisen sollten, mussten in der Lage sein, in die Wohnung einzudringen, innerhalb kürzester Zeit Akten zu kopieren und wieder zu verschwinden, ohne Spuren zu hinterlassen.

Der erste Versuch blieb der einzige Teil der Operation, der als filmreif durchgehen könnte: Der kopierte Schlüssel blieb im Schloss stecken. Kondraschew traten Schweißperlen auf die Stirn. Wenn jetzt jemand auftauchte, war alles im Eimer. Kondraschew aber schaffte es. Er befreite den klemmenden Schlüssel und die KGB-Profis konnten erleichtert davonlaufen. Die Aktion war abgebrochen und musste verschoben werden. Beim zweiten Mal klappte es schließlich: Nun konnten die KGB-Techniker die heiß ersehnten Geheimberichte der Franzosen kopieren. Was diese Dokumente enthüllten, war freilich wieder nicht gerade geeignet, die Weltgeschichte zu verändern: Berichte über Kontakte der Franzosen mit sowjetischen Diplomaten und österreichischen Handelsvertretern. Eine der Sternstunden des KGB im Kalten Krieg.

Die traurige oder lustige Wahrheit ist, dass nirgendwo in Wien auch nur ein James Bond herumlief oder gar ein Oberst Josef Redl.

Zur Erinnerung: Josef Redl war in den Jahren vor dem Ausbruch des Ersten Weltkrieges der einzige echte Spion, den Österreich je hatte. Er war stellvertretender Leiter des Evidenzbüros, dem militärischen Nachrichtendienst der kaiserlichen Armee, und hatte Zugang zu sämtlichen Geheimnissen. Und er verriet sie auch über Jahre hinweg. Zunächst und hauptsächlich an die Italiener, später auch an Russen und Franzosen. Redl gab wirklich Essenzielles weiter bis hin zu den Aufmarschplänen der Armee, Mobilisierungsanweisungen, Deckadressen von Generalstäben und vieles mehr. Redl galt als gierig, eitel und zynisch und er lebte mit den Spionage-Honoraren auf ganz großem Fuß. Er fuhr zwei Luxuskarossen und entlohnte seine homosexuellen Liebesdiener großzügig. Im Mai 1913 flog er auf und man gewährte ihm, sich mit einer Browning-Pistole selbst zu „entleiben". Um den Skandal zu vertuschen, wurde auch der Kaiser vom Generalstab falsch informiert: Redl habe wegen privater Probleme Selbstmord begangen. Der Journalist Egon Erwin Kisch brachte die Spionage-Geschichte an die Öffentlichkeit. Als ein Jahr später der Erste Weltkrieg ausbrach und die österreichisch-ungarische Armee gleich in verheerende Niederlagen schlitterte, gab man Redl die Schuld. Doch das wird, zumindest teilweise, als bequeme Ausrede für ohnehin unfähige Armee-Strategen gehalten.

10 | Ein Top-Spion der ČSSR blickt zurück
Larry Martin-Bittman über die Realität des Kalten Krieges in Wien

Wie die Realität im Wien des Kalten Krieges tatsächlich ausgesehen hat, geht aus einer sehr anschaulichen Schilderung hervor, die Ladislav Bittman für dieses Buch geschrieben hat. Bittman, der sich heute Lawrence Martin nennt, war damals einer der ranghöchsten Offiziere des tschechoslowakischen Geheimdienstes Rozwedka in Wien. Während des „Prager Frühlings" flüchtete er von Wien nach München, wechselte zu den Amerikanern und wurde zum prominentesten Überläufer des Kalten Krieges.

Larry Martin ist nun seit 35 Jahren amerikanischer Staatsbürger. Er hat viele Jahre an der Universität in Boston „Desinformation" gelehrt. Er lebt im malerischen Fischer-Örtchen Cape Ann, Rockport, Massachusetts an der Atlantikküste, wo sich der heute 85-Jährige seit 20 Jahren der Malerei hingibt. Ruhige, bunte Idyllen, die an Friedensreich Hundertwasser erinnern, von dem er sich seinerzeit animieren ließ, zum Pinsel zu greifen. Ganz losgelassen hat ihn seine Vergangenheit als Ladislav Bittman freilich nicht.

Bittman hatte die 1960er-Jahre als Spion in Wien verbracht, offiziell als Presse-Sprecher der tschechoslowakischen Botschaft, in Wahrheit als zweithöchster Agent des ČSSR-Geheimdienstes. Als Führungsoffizier betreute er unter vielen anderen österreichischen Zuträgern auch den Wiener Spion Helmut Zilk. Ein „Kommunismus mit menschlichem Antlitz" hätte seiner politischen Vision entsprochen, erzählt er, doch der geistlose, menschenfeindliche Sowjet-Kommunismus nicht. Der habe ihn umso mehr abgestoßen, als er zur Kenntnis nehmen musste, dass er nicht einmal für sein eigenes Land spionierte, sondern in Wahrheit für den sowjetischen KGB, dessen Filiale der ČSSR-Geheimdienst gewesen sei. Larry Martin-Bittman war Anhänger der Reformbewegung „Prager Frühling" und als 1968 Sowjetpanzer in Prag einrollten, um die Befreiungsbewegung niederzuwalzen, beschloss Bittman, alles zurückzulassen, auch seine Familie, und abzuspringen.

Zu diesem Zeitpunkt war er bereits von seiner eigenen, chronisch misstrauischen Organisation unter Beobachtung gestanden. Doch er wusste, dass die Späher nicht länger als bis zwei Uhr früh vor seinem Wiener Appartement in Position waren. Also wartete er bis drei und kehrte dann seinem bisherigen Leben für immer den Rücken. Er flüchtete nach Deutschland, kontaktierte die Amerikaner und ging in die USA. Er ließ sich ein Jahr lang vom CIA verhören und wurde dann, als er alles erzählt hatte, vor die Tür gesetzt. Von einem versorgten Leben als Belohnung keine Spur. Der CIA gab ihm zu verstehen, nichts mehr von ihm hören zu wollen, es sei denn, er verhungere am Straßenrand. Aber er wollte sein neues Leben ohnehin selbst in die Hand nehmen. Er jobbte im Supermarkt und verwirklichte später seinen Berufstraum als Professor der Universität Boston und als Autor von Sachbüchern.

Larry Bittman war der ranghöchste Ost-Spion, der jemals in den Westen übergelaufen ist. Die Nachricht davon schlug in der Prager Zentrale von Rozwedka ein wie eine Bombe. Als Bittman 1971 als Lawrence Britt dann auch noch im US-Kongress ausgesagt hatte, wurde er im Jahr darauf von einem Prager Gericht in Abwesenheit zum Tod verurteilt und Jahre später von der tschechischen Republik rehabilitiert.

Mitunter, erzählt er, gebe er manche seiner früheren und jetzigen Namen bei Google ein, um zu sehen, was über seine Spionage-Vergangenheit und seine Künstler-Gegenwart veröffentlicht werde. Was er da zu Gesicht bekomme, sei eine Mischung aus „Fakten, Fantasie, Gerüchten, Information und Desinformation. Offensichtlich ist Desinformation nicht mit dem Kalten Krieg gestorben. Sie lebt und gedeiht und beeinflusst jeden Aspekt unseres Lebens und die meiste Zeit sind wir uns dessen nicht einmal bewusst."

Zu seinem heutigen Leben nach dem Tod des Kommunismus sagt er: „Was machen Spione im Ruhestand, nachdem sie die Welt professioneller Intrigen, schmutziger Tricks und Desinformation verlassen? Manche verhalten sich ruhig und verschwinden in eine gut geschützte Privatheit. Andere schreiben selbstglorifizierende Memoiren über ihre ‚heldenhafte' Vergangenheit. Ich fische und male."

Diese märchenhaften, kleinen Fischer-Städtchen an der Atlantikküste habe er immer geliebt und seine Wahlheimat Rockport am allermeisten. „Im Sommer verbringe ich viele Stunden auf einem kleinen Boot und angle nach Kabeljau und fallweise auch kleinen Haien, die Dog-Fish genannt werden. Oder ich sitze an Bord von Fischerbooten, die meinen Freunden gehören, und wir trinken ein Glas Wein und tauschen saftige Geschichten aus."

Versunken in der Fischerei, habe er einige Male schon im Nebel die Orientierung verloren und sei meilenweit abgetrieben. Doch seine Fischerfreunde hätten ihn immer geortet und zurückgeholt. Es seien echte Freunde, die sich keinerlei Sorgen um seine ambivalente Vergangenheit machen. Als Bittman vor einiger Zeit sein neues Atelier bezog, drängten seine Freunde ihn, er müsse es „Studio 007" taufen. „Doch das schien mir zu bombastisch", sagt er, „also habe ich ein Downgrading auf 006,5 gemacht".

Den folgenden Text hat Larry Martin-Bittman für dieses Buch verfasst. Er beschreibt nicht nur das Leben und die Arbeit als ČSSR-Geheimdienstler im Wien des Kalten Krieges. Aus seiner Schilderung geht auch lebhaft hervor, wie groß der Beitrag der Agenten-Hauptstadt Wien am geheimdienstlichen Treiben war: Die österreichische Exekutive, die Ministerien und alle anderen Behörden bis hinauf in die Regierungsebene waren durchseucht von Wienern, die Spionage betrieben und Geld für meist wertlose Informationen verdient haben. Zusätzlicher Druck der Besatzungsmächte auf die Wiener Regierung habe den Ost- und West-Agenten sämtlicher Organisationen ein „Gefühl der Unverletzbarkeit" gegeben.

Der Text wurde vom Autor aus dem Englischen übersetzt.

Rockport, 21. August 2013. Vor einigen Wochen haben Sie mir einige Fragen über den tschechoslowakischen Geheimdienst und seine Mitarbeiter in Österreich gestellt. Hier ist meine Antwort.

Durch einen seltsamen Zufall war es genau heute vor 45 Jahren, am 21. August 1968, als ich morgens in meiner Wiener Wohnung aufwachte und im Radio die Meldungen von der Okkupation Prags durch sowjetische Truppen liefen. Dieser Tag markierte das Ende des Traumes von einem Sozialismus mit menschlichem Gesicht und das Ende meiner Spionage-Laufbahn. Und er markierte den Beginn meiner langen, holprigen Reise in ein neues Leben und in jene Welt, die ich 14 Jahre lang als kommunistischer Geheimdienst-Offizier bekämpft hatte. Nachdem mich ein Militärgericht 1972 zum Tod verurteilt hatte, wurde ich von Ostblock-Geheimdienstlern als Verräter gejagt, bis ich 1994 rechtlich und moralisch rehabilitiert wurde. Auf der Suche nach einem neuen Leben entschied ich mich, zu versuchen, einen alten Traum zu verwirklichen und Lehrer zu werden.

Das verlangte die volle Offenlegung meiner ungewöhnlichen beruflichen Vergangenheit gegenüber den Verantwortlichen der Universität in Boston, gegenüber den Kollegen und Studenten. Unverzüglich war mein Aufenthaltsort in Prag bekannt. Wenn ich heute zurückblicke, bin ich froh, das Risiko eingegangen zu sein. Die Namen einiger tausend meiner früheren Studenten – viele von ihnen wurden sehr erfolgreiche Kommunikatoren, einige sogar Pulitzer-Preisträger – sind meine höchste Belohnung.

Wenn ich auf die Jahre zurückblicke, die ich in Wien verbracht habe, offiziell als Pressesprecher der tschechoslowakischen Botschaft, inoffiziell als Teilnehmer am endlosen Spiel der Spionage, dann kommen Erinnerungen an Gesichter und Ereignisse zurück, die verzerrt sind von der langen Zeit, die seither vergangen ist. Bilder, die zweifellos von den Vorurteilen und Fehleinschätzungen eines in Österreich lebenden Tschechen gefärbt sind.

Warum war Österreich für kommunistische Geheimdienste so wichtig?

Das kleine, neutrale Österreich im Zentrum Europas bedeutete keinerlei militärische, wirtschaftliche oder politische Bedrohung für die Tschechoslowakei oder den sowjetischen Block. Trotzdem wurde Österreich zu einem der spionage-verseuchtesten Länder der Welt. Durch Kommunisten wie durch westliche Spione. Wien war ein großes Tor, das in beide Richtungen offen war.

Viele österreichische Regierungsbeamte haben ihren Lebensstandard verbessert, indem sie für einen oder auch mehrere Ost- oder West-Geheimdienste gearbeitet haben. Das Hauptquartier des tschechischen Dienstes in Prag wurde von langweiligen Berichten über Österreichs politische Parteien überflutet. Uninteressantes über Manöverstrategien und erwartbare außenpolitische Schritte. Der praktische Wert dieser Berichte war nahe bei null.

Niemand kennt zuverlässige Zahlen, wie viele Spione während des Kalten Krieges in Österreich operiert haben oder wie viele Ös-

terreicher für Nachrichtendienste gearbeitet haben. Man kann aber sicher sagen, dass viel mehr Österreicher für Ost-Dienste gearbeitet haben als für West-Dienste. Während meiner 14-jährigen Karriere in diesem Geschäft habe ich Hunderte dieser Spione getroffen, manche für den Osten arbeitend, andere für die Gegenseite, manche für beide Seiten und auch solche, die sogar für drei oder vier Geheimdienst-Organisationen gleichzeitig gearbeitet haben. Manche davon waren Profis, andere waren Amateure, Abenteurer, Erpresser oder auch eingeschüchterte Opfer von Erpressern, die gezwungen wurden zu spionieren. Man kann auch sicher sagen, dass die kommunistischen Spionage-Organisationen erfolgreicher waren als die westlichen. In offenen, demokratischen Gesellschaften zu arbeiten machte es ihnen viel leichter, besonders in Österreich. Österreich war wegen seiner territorialen, historischen und kulturellen Nähe zur Tschechoslowakei anders als andere westliche Demokratien. Ein kurzer Blick in das Wiener Telefonbuch zeigt eine große Anzahl von Österreichern mit tschechischen Namen.

Jahrhundertelange enge Kontakte hatten zu intimen, familiären Beziehungen geführt, die die Teilung Europas nach dem Zweiten Weltkrieg überlebt und viele Möglichkeiten für den tschechoslowakischen Geheimdienst geschaffen haben, nach neuen Rekruten zu angeln. Die meisten von ihnen wurden erpresst oder überredet, gegen Geld für die Tschechen zu arbeiten. Keiner der Agenten, die ich in Österreich oder Deutschland kennengelernt habe, war Idealist oder ideologischer Anhänger des Marxismus oder Leninismus.

Einige Wochen vor meiner Flucht aus Wien hatte ich ein letztes Treffen mit dem Agenten Maret, einem pensionierten österreichischen Regierungsbeamten in seinen späten 50ern, der einen Hitler-Schnauzbart trug und der für mich die Mentalität vieler österreichischer Geheimagenten symbolisierte. Immer mit dem Strom schwimmend, nie dagegen, arbeitete er hinter der Fassade eines konservativen, österreichischen Patrioten fast 20 Jahre für den ČSSR-Geheimdienst. Er war der bestbezahlte tschechische Agent in Österreich und ein echter Profi.

„Wahrscheinlich werden wir uns nicht mehr sehen. Ich habe das Gefühl, dass ihr in eurem Land wie Kinder agiert, die mit Streichhölzern spielen. Aber die Sowjets werden das abstellen und sie haben recht. Würden sie zulassen, was ihr treibt – dieses ganze Tamtam mit dem ‚Sozialismus mit menschlichem Gesicht' –, müssten sie die Tschechoslowakei abschreiben."

Ich wollte widersprechen, aber er unterbrach mich sofort: „Wie alt bist du?"

„Siebenunddreißig", antwortete ich.

„Das heißt du warst achtzehn, als ich begonnen habe, für deine Regierung zu arbeiten. Ich glaube, es war ein Fehler, dass sie dich für diesen Job genommen haben. Du bist zu emotional. Während der vergangenen neunzehn Jahre habe ich viele deiner Kollegen getroffen, aber du gehörst nicht in ihre Gesellschaft. Spionage erfordert kaltes, rationelles Denken, wenn du überleben willst. Für mich ist der Kommunismus totaler Unsinn und wäre ich so emotional wie du, müsste ich meinen Kontakt zu dir abbrechen oder Selbstmord begehen." Das war eine Lehre, die ich nie vergessen habe.

Der wahre Wert Österreichs für den tschechoslowakischen und andere Geheimdienste war nicht die Flut politischer Berichte über die Wiener Politik. Österreich war ein sicheres Territorium für Treffen mit wichtigen Geheimagenten aus Deutschland, Großbritannien, Frankreich oder den Vereinigten Staaten, die gewöhnlich für einige Tage herkamen, um vertiefte Ausbildung und Instruktionen zu erhalten. Der tschechoslowakische Geheimdienst schmuggelte seine als „Illegale" getarnten Spione über Österreich in den Westen. In die umgekehrte Richtung wurden im Westen aufgeflogene Spione geschmuggelt, um sie zurück in den Osten in Sicherheit zu bringen.

Als Alfred Frenzel, ein Abgeordneter des westdeutschen Parlamentes, als tschechischer Agent enttarnt und 1960 inhaftiert wurde, musste der Dienst seinen Freund und Mitverschwörer Agent „Petr" auf schnellstem Weg nach Hause holen. In einer Nacht im Sommer 1960 versteckte ich mich einige Meter von der Grenze entfernt auf österreichischem Territorium im Gebüsch und wartete auf das Auto mit Petr. Langsam näherte es sich der bestimmten Stelle, die Scheinwerfer blinkten einige Male, die Tür ging auf, Petr sprang raus und rannte in Richtung Sicherheit des tschechischen Territoriums. Es war eine von vielen Operationen dieser Art. Die österreichischen Sicherheitsorgane galten auch deshalb als wirkungslos, weil einer ihrer höchsten Offiziere ein tschechischer Agent war, der seine Kontaktleute über alle wichtigen Maßnahmen informierte, die sein Apparat geplant oder ausgeführt hat.

Warum waren tschechische Spione so gern in Österreich stationiert?

Österreich war in den 1960er-Jahren eine vollwertige Demokratie mit blühender Wirtschaft und einem höheren Lebensstandard als in der Tschechoslowakei. Dennoch betrachteten die in Wien stationierten Tschechen, mich eingeschlossen, die Österreicher durch die Brille ihrer Teilnahme an Kriegsverbrechen im Zweiten Weltkrieg. Gegenüber österreichischen Sicherheitsorganen bewahrten sie ein Gefühl der Überlegenheit in professioneller Hinsicht. Für kommunistische Spione war es in dieser Zeit sehr einfach, ihre Operationen durchzuführen. Sie fühlten sich sicher und fast unberührbar. Die Regierung des neutralen Österreich war großem politischen Druck aus dem Osten wie aus dem Westen ausgesetzt und wand sich, jede Entscheidung zu vermeiden, die Moskau oder Washington und deren Verbündete hätte irritieren können. Ein hohes Maß an Korruption innerhalb der österreichischen Regierung machte das Angeln nach neuen Rekruten sogar leichter.

Wien hatte den Ruf, eine sehr kulturelle Stadt zu sein, doch die tschechischen Spione waren nicht unter den kulturellen Feinschmeckern. Trotz ihres Gefühls der professionellen und manchmal gar kulturellen Überlegenheit gaben sie die harte Währung ihrer Gagen nicht für Theaterkarten, Konzerte, Museen und Kunst-Ausstellungen aus, sondern für Haushaltswaren und Luxusgüter, die in Prag nicht erhältlich waren. Die größte Belohnung war, genügend Schillinge zu sparen und nach der Heimkehr ein kleines Auto oder ein Wochenendhaus zu kaufen. Nach Grinzing auf ein Grillhuhn zu fahren war als „kulturelle" Unterhaltung viel beliebter als die Wiener Oper.

Mein erster Eindruck von Wien und seiner Bevölkerung spiegelte das traditionelle Image vieler Tschechen. Die sahen aus und klangen wie Tschechen, die aus einem Versehen der Geschichte ein weiches Deutsch sprachen, statt Tschechisch. Ich lag natürlich sehr falsch. Österreicher unterscheiden sich in ihren Kulturgewohnheiten, Familienwerten und politischen Neigungen sehr von ihren tschechischen Nachbarn. Die tschechische Vorstellung von Österreich und den Österreichern war zu dieser Zeit sehr stark von Jaroslav Hašeks „Braver Soldat Schwejk", dem Klassiker der modernen tschechischen Literatur, beeinflusst. Er half dabei, nicht nur das Image der Österreicher zu prägen, sondern auch das Selbstbild der Tschechen. Das Buch ist eine geniale Satire nicht nur über die Blödheit und Korruption der österreichisch-ungarischen Monarchie im Ersten Weltkrieg, sondern auch über die Idiotie und Brutalität aller Kriege. Schwejk ist ein typischer tschechischer „Honza" (Johann), ein genialer Spinner, der hinter der Maske eines freundlichen Lächelns vorgibt, der loyalste österreichische Bürger zu sein und Befehle mit desaströsen Folgen ad absurdum führt. Er ist ein typischer tschechischer Held, ein Meister der schmutzigen Tricks mit unwiderstehlichem Humor. Auch die professionelle tschechische Spionage-Gemeinschaft war von Schwejks Bild und seinem speziellen Humor durchdrungen. Gern und oft hat sie ihn imitiert und seinen unsterblichen Spruch zitiert: "Ich melde gehorsam ..." und sogar die bürokratische tschechische Spionage-Maschinerie verspottet.

Als ich Wien in dieser Nacht im September 1968 in aller Eile verließ, blickte ich mich ein letztes Mal in meiner Wohnung nach etwas von besonderem persönlichen Wert um. Ich schnappte mir eine Ausgabe des „Braven Soldaten Schwejk" und in den folgenden Jahren stellte sich heraus, dass es die richtige Entscheidung war. Wann immer ich nach meiner täglichen Zeitungslektüre vom Ausmaß an menschlicher Intoleranz, Brutalität oder Dummheit depressiv werde, greife ich nach meinem Schwejk. Er ist eine Medizin, die zwar nicht heilen kann, aber zumindest vorübergehende Erleichterung bietet.

Lawrence Martin

11 | Hinter den Kulissen von CIA und KGB
US-Spion Tennent H. Bagley über
das Geheimdienst-Potenzial der Wiener

Tennent H. Bagley war nach dem Zweiten Weltkrieg mehr als 20 Jahre CIA-Agent. Als Chef der auf den sowjetischen KGB gerichteten Spionage-Abwehr der Amerikaner in Wien war es seine Hauptaufgabe, mit Überläufern aus dem Osten zu kooperieren und deren Informationen auszuwerten. Bagley war in den 50er- und 60er-Jahren in Wien stationiert. Bis heute kann oder will er nicht offen über bestimmte Fragen reden, die seine Wiener Zeit betreffen. In einem Schreiben an den Autor dieses Buches ersucht er, mit entsprechenden Passagen aus seinen beiden Büchern Vorlieb zu nehmen. 2007 hat er das Buch „Spy Wars: Moles, Mysteries, and Deadly Games" (Yale University Press) veröffentlicht und zu Jahresende 2013 das schon erwähnte „Spymaster: Startling Cold War Revelations of a Soviet KGB Chief".

Bagleys Wien-Beschreibungen sollen hier teilweise zitiert werden, nicht zuletzt, weil auch das historische Treffen zwischen Nikita Chruschtschow und John F. Kennedy aus der Sicht des amerikanischen und des sowjetischen Geheimdienstes vorkommt, das 1961 in Wien stattfand. CIA-Agent Bagley, der mit dem KGB-Offizier Sergey Kondraschew eng befreundet war, gibt auch einen Einblick in die damaligen Arbeitsmethoden und internen Probleme der Wiener KGB-Zentrale. Und Bagleys Beobachtungen bestätigen einen der zentralen Punkte, um die es in diesem Buch geht:

das „Geheimdienst-Potenzial" der Wiener ganz allgemein. Bagley: „Das Leben war für die meisten (Wiener, Anm.) darauf beschränkt, zu schauen, wie man durchkommt, so gut man konnte. An oder jenseits der Grenze der Legalität. Da war wenig Platz für Moral. Die Bedingungen waren wie geschaffen für Schwarzmarkthändler, für Leute, die mit Informationen, teils erfundenen, hausieren gingen."

Wien sei auch voll gewesen mit Soldaten ohne Armee, gestrandeten Flüchtlingen aus dem Osten und ehemaligen Geheimdienstleuten, die gewusst hätten, was die zunehmend feindlichen Besatzungsmächte übereinander wissen wollten. Wien habe den Sowjets besondere Freiheiten zugestanden und diese hätten zwischen dem Osten und dem Westen wechseln können, indem sie von einem Wiener Haus in ein anderes gingen.

In den 50er-Jahren und auch in den späteren Jahrzehnten sei Wien zu Recht als Drehscheibe der Spionage bezeichnet worden. Die äußerlichen Kriegsschäden dieser „schönen Stadt" seien relativ gering gewesen, doch die sozialen Strukturen zerstört. Die Einwohner hätten Identitätsprobleme gehabt und eine unklare Haltung zur Frage, ob sie nun besiegte Nazis gewesen seien oder von der Nazi-Tyrannei Befreite: „Das bewirkte eine ambivalente Haltung gegenüber den Besatzungsmächten. In den Straßen sahen die Wiener sowjetische Soldaten patrouillieren; sie wussten, dass große Teile des Landes sowjetisch besetzt waren und an der Ostgrenze hatte sich bereits der Kommunismus durchgesetzt. Die Spannungen zwischen Ost und West wuchsen, die Einwohner Wiens und Umgebung hatten wenig Grund für Optimismus, was eine stabile Zukunft und Wohlstand anging. Handel und Industrie waren nicht funktionstauglich."

Nirgendwo im Westen hätte der KGB eine bequemere Basis für seine Spionage-Operationen gehabt als in Wien. Bagley: „Weit im Osten gelegen, halb umgeben von kommunistischen Ländern, die

Grenzen nur Minuten entfernt, optimal für Kontakte. Und es war sehr einfach, in beide Richtungen die Seiten zu wechseln. Österreich war berüchtigt als Schauplatz für Entführungen von antisowjetischen, westlichen Aktivisten oder Spionen, die von anderswo in Europa extra nach Wien gelockt wurden, um entführt zu werden." Der KGB habe das besetzte Wien gut genützt. Man habe sich Freunde gemacht und zahlreiche Kollaborateure in österreichischen Schlüsselpositionen gehabt: „Sie haben sich so viele österreichische Polizisten als Geheim-Agenten geholt, dass sie die Menge nicht mehr bewältigen konnten und gezwungen waren, sie von mehr als 300 auf etwa 50 zu reduzieren. Sie haben Villen und Wohnungen als sichere Orte für Treffen und Verhandlungen akquiriert, die sie für viele Jahre behalten haben. So konnten Spione gefahrlos von ihren Herkunftsländern zu den Meetings ins Touristen-Mekka Wien reisen, ohne einen verräterischen östlichen Stempel in den Pass zu bekommen. Die Geschichte der Spionage des Kalten Krieges ist voll mit Treffen, die in Wien stattgefunden haben."

Als Flüchtlinge getarnte Sowjets hätten in Wien ungefährdet Spionage-Operationen planen können. Oftmals auch mit authentischen Personaldokumenten ausgestattet, die von österreichischen KGB-Zuträgern organisiert worden waren: „Das hohe Spionage-Potenzial Wiens hat auch mit seiner früheren Geschichte zu tun. Tausende Tschechen, Slowaken, Ungarn und andere lebten in der früheren Hauptstadt der Monarchie und wenn immer möglich, wurden die geschäftlichen und persönlichen Beziehungen genützt. Der KGB-Chef und sein Vize standen in ständiger Verbindung mit den lokalen Chefs der tschechoslowakischen, ungarischen, polnischen, bulgarischen und rumänischen geheimen Staatssicherheit und konnten deren Wissen nutzen. Als 1955 die Besetzung endete und Österreich neutral geworden war, achtete die österreichische Staatssicherheit noch weniger darauf, was der sowjetische Geheimdienst machte. Und wenn, dann waren da die österreichischen KGB-Mitarbeiter, die warnen konnten. Die verschiedenen sowjetischen Dienste fühlten sich in Wien so sicher, dass sie mordeten und kidnappten, als befänden sie sich innerhalb ihrer eigenen Grenzen." Die Sowjets hätten auch Leute entführt, nur weil sie als Zuträger für andere Dienste aktiv gewesen waren.

Tennent H. Bagley kam in den Genuss höchster Gefühle, wenn er einem Überläufer offen Fragen stellen durfte und dafür offene Antworten erhielt: „Die tiefsten Lektionen in Spionage-Abwehr kamen von Überläufern, wenn Offiziere das Herz der sowjetischen Geheimdienste verlassen hatten. Der Erste, mit dem ich in Wien arbeitete, war ein junger Offizier des ungarischen Geheimdienstes AVH (Államvédelmi Hatóság, politische Polizei nach KGB-Muster, Anm.), der ein Satellit des KGB war. Diese Erfahrung war für mich eine Erleuchtung."

Bagley schwärmerisch: „Wenn ein gegnerischer Geheimdienst-Offizier offen zu reden beginnt, schließt sich eine mächtige Kluft. Diese sperrigen Untersuchungen, diese langweiligen Interviews, diese mühsamen Analysen und fallweise blitzhaften Intuitionen, die die Spionageabwehr fordert, nur um an Bruchstücke von Bruchstücken der versteckten Wahrheit zu kommen, welche wiederum evaluiert werden müssen, was oft nur Glaubensarbeit ist – und plötzlich liegen die hart ersehnten Geheimnisse herum und warten nur darauf, aufgenommen zu werden: Wer und wo sind eure Spione? Man fragt einen Insider – und man bekommt Antwort. Wie habt ihr es geschafft, an diesen und jenen Mann heranzukommen und ihn zu rekrutieren? Wer betreut ihn, wo und wie? Erzähl es uns." Es sei „ein großes Glück" in seiner Karriere gewesen, „mit mehr als einem Dutzend Überläufern von feindlichen Geheimdiensten arbeiten zu dürfen und mit deren Methoden vertraut zu sein. Wir hatten nie genug von denen."

Ein Beispiel: 1952 hinterließ der sowjetische Major Petr Semenovitsch Popov eine Notiz in einem Pkw, dessen Nummerntafeln darauf hinwiesen, dass der Wagen einem Mitglied der „US-Mission to Austria" gehörte und an der Wiener Ringstraße nahe dem von den Amerikanern okkupierten Hotel Bristol geparkt hatte. Der Fahrer war mit seiner Frau und seiner Tochter einkaufen gewesen. Er wunderte sich über den Brief auf dem Boden unter dem Sitz und über das schlechte Deutsch. Am nächsten Tag übergab er ihn bei einem Meeting seinem Vorgesetzten. Der öffnete den Umschlag, sah kyrillische Buchstaben und reichte ihn weiter an CIA-Chef John „Jocko" Richardson. Zurück im Büro, besprach sich Richardson mit seinem operativen Chef und dem Spezialisten für sowjetische Operationen. Der Brief-Schreiber war kein Meister der deutschen Sprache, aber seine Botschaft war klar verständlich: „Ich bin ein russischer Offizier der sowjetischen Streitmacht in Baden bei Wien. Ich habe Ihnen wichtige Informationen anzubieten, wenn Sie mich an der Ecke Dorotheergasse/Stallburggasse um 8.30 Uhr abends treffen wollen. Wenn Sie nicht dort sind, komme ich am folgenden Tag zur selben Zeit wieder."

Bagley: „Wir überlegten. Wollten wir hingehen, hätten wir Alex bei der Hand. Das Angebot an russisch sprechenden Mitarbeitern war nicht sehr groß, aber Alex war ein russischer Emigrant, der sich das Vertrauen des CIA verdient hatte. Nun war die Gelegenheit gekommen, ihn einzusetzen. Doch ein Treffen nach Einbruch der Finsternis mit einer unbekannten Person, die behauptet, ein sowjetischer Offizier zu sein, noch dazu an einem Ort seiner Wahl im internationalen Sektor mitten in der Wiener Innenstadt, das war nicht etwas, das man einfach so machen konnte. Sowjetische Agenten entführten Personen auf offener Straße; Österreicher, Flüchtlinge und fast jeden, von irgendeinem geheimdienstlichen Interesse. Und Alex war besonders verwundbar. Seit seiner

Flucht aus der Sowjetunion waren erst sieben Jahre vergangen und obwohl er kürzlich als amerikanischer Staatsbürger eingebürgert worden war, hätte er keine Chance auf Freilassung gehabt, wenn die ihn geschnappt hätten."

Die Nacht, in der das Treffen stattfinden sollte, sei kalt gewesen, die Straßen im Zentrum Wiens eng und Bagley habe die Aufgabe gehabt, unbemerkt zu beobachten, ob der Briefschreiber möglicherweise begleitet werde: „Ich sah den Mann, der Popov sein musste, sich nähern, gänzlich alleine."

. In einer nahe gelegenen, sicheren Wohnung habe sich herausgestellt, „dass man Popov vertrauen konnte", so Bagley, „und dass der Mann Insiderwissen über sowjetische Militärangelegenheiten, über den Sowjet-Geheimdienst in Österreich sowie über sowjetische Außenpolitik hatte. Einige Tage später wurde der russisch sprechende Sachbearbeiter George Kisevalter nach Wien verlegt, um Popov von Alex zu übernehmen." Kisevalter habe Popov dann fast drei Jahre lang regelmäßig getroffen, bis im September 1955 die Wiener Besatzungszeit endete.

Bagleys Aufgabe war es, die Fragen an Popov zu formulieren, seine Informationen zu bewerten und Wege zu finden, diese Informationen zu nutzen, ohne Popov zu gefährden: „Bereits in den ersten Treffen verriet uns Popov sowjetisches Geheimdienst-Personal und später, als er Nachtdienste in der Residenz schob, identifizierte er auch viele Spione, die für die Sowjets arbeiteten. Doch letztlich waren die Informationen fast wertlos, weil wir diese einzigartig wertvolle Quelle Popov einfach schützen mussten. Wir konnten absolut nichts unternehmen, was die Sowjets auf die Idee bringen konnte, in ihren eigenen Reihen einen Maulwurf zu vermuten. Einige ihrer Agenten konnten also weiter ungehindert spionieren, obwohl wir von ihnen wussten. Doch keiner von ihnen schien Zugang zu wichtigen strategischen Geheimnissen der NATO zu haben."

Bagley schildert einen Tag, den er als „unvergesslich" bezeichnet. Eben hatte er im Hotel Bristol einen Tafelspitz zu sich genommen und war dabei, einen Spaziergang zu machen, als er auf der anderen Seite der Ringstraße Popov entdeckte: „Mir war bewusst, dass er in etwa einer Stunde Kisevalter treffen sollte. Und plötzlich fiel mir wieder ein, was er versprochen hatte, zu diesem Treffen mitzubringen. Seit Jahren hatte das Pentagon unsere Agentur bedrängt, eine Kopie der Außendienst-Regelung, was praktisch die Betriebs-Bibel der sowjetischen Armee war, zu beschaffen. Wenn alles geklappt hatte, war dieser Schatz gerade in diesem dunkelblauen Mantel gegenüber der Straße versteckt. Später haben die Sowjets diese Operation aufgedeckt."

Die Wiener KGB-Residenz sei seit dem Ende des Zweiten Weltkrieges von inneren Spannungen geplagt worden, die deren gesamte Arbeit zunehmend gefährdeten, sodass Moskau eingreifen und 1953 eine Reorganisation anordnen musste. Bagleys Freund Sergey Kondraschew war Mitglied dieser von Moskau entsandten Eingreiftruppe. Der KGB hatte eine Abteilung für Spionage-Abwehr installiert, die unabhängig von der militärischen Spionageabwehr war und auch unabhängig von allen anderen Auslands-Geheimdienstabteilungen der Sowjets. Bis 1953 hatte der KGB also neben der militärischen Spionage-Abwehr zwei weitere Geheimdienste, die im selben Gebäude untergebracht waren und deren Aktivitäten sich überschnitten. Zwangsläufige Rivalitäten waren die Folge. Bagley: „Der Chef dieser Spionageabwehr-Residenz war ein Oberst Gorkov aus irgendeiner Region in Russland. Er dachte, sein Job sei es, jeden einzelnen Sowjetbürger in Österreich und deren Aktivitäten zu beobachten. Die Leute der eigenen KGB-Niederlassung inbegriffen, deren vielfältigen Kontakte für den provinziellen Blick Gorkovs verdächtig und gefährlich erschienen. Es war natürlich für jeden Agenten irritierend, wenn sich jemand in seine Geheimkontakte einmischte, wo doch das Pflegen geheimer Kontakte der Sinn der Sache war, und der Chef der Residenz sollte der Letzte sein, der sich einmischt."

Gorkovs Kontrahent sei Oberst Vasily Romanovitsch Sitnikov gewesen, ein als brillanter Offizier mit guten Deutschkenntnissen und Geschichtswissen beschriebener Agent. Doch bei Meinungsverschiedenheiten sei er sogar mit Vorgesetzten ungeduldig geworden und sei unfähig gewesen, seine intellektuelle Überlegenheit zu verbergen. Das Verhältnis zwischen Gorkov und Sitnikov habe sich verschlechtert und die Arbeit beider Gruppen zunehmend behindert, so Bagley.

Anfang 1953 habe Moskau ein vierköpfiges Team von Inspektoren nach Wien geschickt, das nach dem Rechten sehen sollte. Chef der Inspektoren sei Pavel V. Fedotov gewesen, ein überaus erfahrener Offizier. Der zweite Andrey G. Graur, ehemaliger Chef der riesigen KGB-Administration in Ostberlin. Der Chef der österreichisch-deutschen Abteilung, Jewgeni Kravtsov, der dritte, und der vierte Sergey Kondraschew wegen seiner vielfältigen Erfahrung und seiner Deutschkenntnisse.

In Wien hätten sie unverzüglich drastische Maßnahmen eingeleitet. Gorkov sei abberufen und in ein Regionalbüro in die UdSSR versetzt worden. Die verschiedenen Organisationen der Residenz habe man vereinigt und Kravtsov mit der Leitung beauftragt. Sitnikov habe sich darauf konzentriert, die Amerikaner in Wien aufs Korn zu nehmen.

Doch die Umstrukturierung muss Nerven gekostet haben, was zumindest bei Andrey Graur tiefe psychische Spuren hinterließ. Bagley: „Als das Team eines Tages beim Frühstück im Hotel saß, eröffnete General Graur plötzlich seinen Kollegen vorsichtig, er sei vom britischen Geheimdienst rekrutiert worden. ,Was?', fragte Fedotov. ,Ja', sagte Graur, ,tatsächlich.' Britische Geheimagenten in weißen Arztmänteln seien am Abend davor in sein Hotelzimmer eingebrochen, hätten ihm eine Droge injiziert, ihn gezwungen, Geheimnisse auszuplaudern und britischer Agent zu werden. Fedotov beruhigte ihn, er sagte: ‚Mach dir keine Sorgen über diese britischen Ärzte. Die Arbeit hat dich ausgelaugt, du brauchst Ruhe.' Kondraschew organisierte für den nächsten Tag einen Flug nach Moskau." Graur sei in eine psychiatrische Anstalt eingeliefert worden und habe später seinen Dienst quittiert.

Nun sei Kondraschew zum Vize-Chef der Wiener Residentur des KGB bestellt worden. „Nicht nur, weil Wien Prestige brachte, eine tolle Basis für die Arbeit war und ein angenehmer Platz zum Leben", schreibt Bagley, „auch, weil er und seine Frau sich nirgendwo im Westen so zu Hause gefühlt haben wie in Wien".

Im Juni 1961 durfte sich Kondraschew angenehmeren und prestigeträchtigeren Dingen widmen. John F. Kennedy, der neue amerikanische Präsident, traf sich mit dem damaligen UdSSR-Ministerpräsidenten Nikita Chruschtschow in Wien. Zu dieser Zeit sei der Kalte Krieg an der Kippe gestanden, „heiß zu werden", so Bagley: „Ostdeutsche flohen in einem Ausmaß nach Westberlin, das das Überleben dieses Sowjet-Satelliten und sogar des gesamten Ostblocks gefährdete. Chruschtschow hatte mit einem Friedensabkommen mit Ostdeutschland gedroht, das Berlin vom Westen abgeschnitten hätte. Er hatte Berlin als gefährlichsten Platz der Welt bezeichnet."

Der KGB habe die lokalen Vorbereitungen für das Gipfel-Treffen durchgeführt. Nikolay Zakharov, zuständig für die Sicherheit der sowjetischen Führung, kam nach Wien, um die Details zu planen. Gemeinsam mit Sergey Kondraschew habe er sich mit dem Kennedy-Assistenten Pierre Salinger in einem sicheren Raum der amerikanischen Botschaft getroffen, um das Programm abzustimmen. Das erste Treffen der beiden Staatschefs an diesem 3. Juni sollte bei einem Mittagessen in der Residenz des amerikanischen

Botschafters stattfinden. Am Abend stand ein Staatsdinner des österreichischen Präsidenten Adolf Schärf auf dem Programm. Der zweite und letzte Tag sollte in der sowjetischen Botschaft verbracht werden, wo für Chruschtschow ein Zimmer für private Zwecke vorbereitet wurde. Kondraschew wurde zum Verbindungs-Offizier der beiden Delegationen bestellt. Bagley schreibt: „Er sah sich die neuen, für das Privatzimmer des Präsidenten bestellten Möbel an und ließ sie von Technikern auf Wanzen untersuchen. Er versicherte mir glaubhaft, dass der Raum tatsächlich nicht verwanzt war. Auf Salingers Verlangen überprüfte er persönlich, ob die von den Amerikanern installierte, direkte Telefonverbindung von der sowjetischen Botschaft ins Weiße Haus funktionierte. Salinger versicherte auch die Installierung eines direkten Drahtes zwischen der sowjetischen und der amerikanischen Botschaft, der auf der gesamten Länge von amerikanischen Marines bewacht würde. Kondraschew war einer der sechs Sowjets, die Chruschtschow zum Treffen mit Kennedy in die amerikanische Botschaft begleiteten. Nach dem Treffen zeigte sich Chruschtschow beeindruckt von Kennedy, mit dem er nach dem Essen plaudernd durch den Garten der Botschaft spaziert war."

Dann habe Chruschtschow Kondraschew gebeten, die vorbereiteten Geschenke an die Amerikaner zu übergeben: „Sergey fuhr zur amerikanischen Botschaft und breitete die Geschenke auf dem Boden der Eingangshalle aus. Jacqueline Kennedy wühlte in den Geschenken, prüfte auch jene, die für andere bestimmt waren. Als Sergey seine Augenbrauen hochzog, erklärte sie lächelnd, sie habe das Recht, alles zu durchsuchen. Dann kam der Präsident, warf einen kurzen Blick auf die Geschenke, bestellte Whisky und lud Kondraschew auf einen Drink ein, der erfreut annahm."

Auch für die Geschenke, die Chruschtschow nach Moskau mitbringen wollte, sei der Vize-Chef des Wiener KGB, Sergey Kondraschew, zuständig gewesen: „Das sollten 500 Packungen vom besten österreichischen Wein sein: 100 Packungen mit je sechs Flaschen, 200 mit je drei Flaschen und 200 mit je zwei Flaschen. Sergey veranlasste das über einen prominenten Wiener Weinhändler."

Beim Staatsdinner im Schloss Schönbrunn war Kondraschew schließlich der Dolmetscher für Nikita und Nina Chruschtschow und John und Jacqueline Kennedy sowie für Chruschtschow, Adolf Schärf und Kennedy. Tennent Bagley: „Nach nur zehn Minuten in dieser Aufgabe war Kondraschew in Schweiß gebadet."

12 | Geschichte und Geschichten
Spionage gibt es, seit Menschen denken

Die Herrschaften mit den geschwollenen Lippen und den fettigen Mähnen scharten sich unschlüssig um ihren Anführer am Lagerfeuer und knurrten erwartungsvoll. So konnte es nicht weitergehen. Sie hatten die Nachbar-Sippe überfallen und waren unerwartet in einen Keulenhagel geraten, der sie noch schneller wieder vertrieben hatte, als sie aufgetaucht waren. Die Gegenseite hatte sich als erschreckend zahlenstark erwiesen und deren Hiebe als übertrieben wuchtig.

Nun runzelte der Anführer seine fliehende Stirn und legte erstmals in der Geschichte seiner Spezies ein neues Verhalten an den Tag: Er dachte nach. Er nahm zur Kenntnis, dass blindes Drauflosrennen irgendwie nicht passend war. Er musste nach vorne denken, schlichtweg in die Zukunft schauen. Ein neuerlicher Angriff sollte stattfinden, wenn die Männer der Gegenseite nicht zu Hause, sondern auf der Jagd waren.

In den starren schwarzen Augen seiner Männer flackerte der Widerschein des Lagerfeuers. Sie schienen nicht wirklich zu folgen, genauer gesagt, verstanden sie gar nichts. Der Anführer schnaubte vor Wut: „Bin ich hier der Einzige, der logisch denkt? Wenn die auf der Jagd sind, dann können wir in Ruhe ihre Frauen rauben und ihre Vorräte plündern!"

Seine mit einer Denkaufgabe konfrontierte Truppe knurrte gereizt.

Da erhob sich ein Halbwüchsiger. Geduckt rechnete er mit einer routinemäßigen Kopfnuss wegen Einmischung. Als nichts geschah, ergriff er das Wort: „Wir wissen nicht, wann die auf der Jagd sind. Also müssen wir die Gewohnheiten dieser Leute studieren. So lernen wir die guten Zeitpunkte kennen."

Die Augen des Anführers funkelten triumphierend: „Na endlich!", brüllte er angriffslustig.

Doch der Halbwüchsige hob die Hand. Er war noch nicht fertig: „Das funktioniert nur, wenn die anderen nicht erfahren, was wir über sie erfahren. Strengste Geheimhaltung muss oberste Priorität sein. Nur dann ist Wissen auch Macht."

Jetzt schien auch der Anführer nicht mehr zu folgen und warf dem Halbwüchsigen autoritäre Blicke zu. Doch irgendetwas in ihm hatte zu dämmern begonnen ...

So ähnlich oder vielleicht eher ganz anders, jedenfalls aber in grauer Vorzeit, hat es angefangen.

Spionage wird gern als das zweitälteste Gewerbe der Menschheit bezeichnet. Spionage-Experten vermuten, dass die Beschaffung von Geheiminformationen schon länger praktiziert wird als Prostitution und daher das eigentlich älteste Gewerbe der Menschheit ist. Die beiden Branchen haben jedenfalls miteinander zu tun, schon deshalb, weil es seit Anbeginn übergreifende Kooperationen gibt. Wie auch immer: Aus Spionage gewonnenes Wissen ist direkte Macht und eine ungeheure Waffe. Das dürften die Menschen, oder zumindest deren Herrscher, schon sehr früh erkannt haben. Dabei ging es nicht nur um Informationen über den Feind, seine Stärke und Pläne, sondern auch um die Lage im eigenen Reich. Um die eigene Macht abzusichern und auszubauen, waren seit jeher vom Herrscher ausgeschickte Kundschafter unterwegs, um die Stimmung im eigenen Volk zu erkunden und aufkommenden Widerstand im Keim ersticken zu können. Schon die frühen Herrscher haben sich Tag und Nacht informieren lassen und Techniken entwickelt, die die Übermittlung der Nachrichten beschleunigten. Denn eine wichtige Nachricht war wertlos, wenn sie zu spät kam. Archaische Morsetechniken mit Licht oder Rauch oder auch mittels Katapulten von Station zu Station weitergegebene Informationen waren ungleich schneller als jeder Läufer oder Reiter.

Spionage hat den Lauf der Weltgeschichte wohl massiv beeinflusst, ohne selbst groß Geschichte zu schreiben. Weil es im Wesen der Sache liegt, dass Geheimdienstliches geheim bleibt, dürfen Geheimdienste auch ihre großen Erfolge nicht in der Öffentlichkeit feiern, einfach weil ihr Metier lichtgeschützt gelagert sein muss, um nicht zersetzt zu werden. Doch scheint sehr naheliegend, dass Kriege durch Spionage verhindert oder gewonnen, oder eben durch schlechte Spionage verloren wurden.

Als eine der folgenreichsten nachrichtendienstlichen Aktionen der Menschheitsgeschichte gilt der Überlieferung nach eine Spionage-Operation, die vor mehr als 3000 Jahren in der Gegend des heutigen Nahen Ostens stattgefunden hat. Der Auftrag an die zwölf ausgeschickten Späher lautete: „Ziehet hinauf ins Mittagsland und geht auf das Gebirge und besehet das Land, wie es ist, und das Volk, das darin wohnt, ob's stark oder schwach, wenig oder viel ist; und was es für ein Land ist, darin sie wohnen, ob's gut oder böse sei; und was für Städte sind, darin sie wohnen, ob sie in Gezelten oder Festungen wohnen; und was es für Land sei, ob's fett oder mager sei und ob Bäume darin sind oder nicht ..." Der Bericht, den die Kundschafter nach ihrer Rückkehr erstatteten, war voll des Lobes für das Land, das sie ausspioniert hatten: Es handle sich kurz und gut um eine Gegend, in der Milch und Honig fließe. Nach Erhalt dieser Neuigkeiten beschloss der Auftraggeber, der Moses genannt wurde, sein Volk in dieses „gelobte Land" zu führen, nachdem er mit ihm Jahrzehnte in der Wüste herumgeirrt und schließlich stecken geblieben war (Mose, Kap. 13).

Der Anführer dieser zwölf Kundschafter hieß Joshua und war der erste Geheimdienstchef der Israeliten. Nach Moses' Tod wurde Joshua Oberbefehlshaber der Armee und zog gegen Jericho. Wo er bald Bekanntschaft mit der hübschen Rahab machte, der von der Geschichte unterstellt wird, Jericho verraten zu haben und überhaupt der erste überlieferte Fall einer Dirne zu sein, die auch Spionin war. Nun also gegen Jericho ziehend, hatte Joshua nach guter Gewohnheit zwei Späher vorausgeschickt. Die beiden Agenten gingen nach einem Prinzip vor, das die Nachkommen ihrer Zunft bis heute beibehalten haben: Als sie gegen Abend Jericho erreichten, begaben sie sich in das einzige Haus der Stadt, in dem Männer in der Dunkelheit unbeobachtet verkehren konnten. Es befand sich direkt auf der Stadtmauer und war daher auch nachts trotz geschlossener Stadttore von außen erreichbar: das Freudenhaus der Rahab. Es war ein, wie der Geheimdienst-Jargon bis heute sagt, „Safe House". Hier waren Geheimtreffen möglich, sichere Unterbringung und Vorausinformation bei drohenden Razzien.

Und genau das sollte passieren: Die Gegenspione des Königs von Jericho melden bereits nach wenigen Stunden die Ankunft der Fremden und der König ordnete eine Razzia an. Nun aber tat Rahab etwas, was sie in die Geschichte eingehen lassen sollte: Sie versteckte die beiden israelitischen Kundschafter, besiegelte so aber auch Jerichos Schicksal. Als die Israeliten nach der überstandenen Razzia, mit strategischen Informationen ausgestattet, wieder verschwanden, um zu ihren Einheiten zurückzukehren, rang Rahab den beiden das Versprechen ab, nach Einnahme der Stadt mit ihrer Familie unter israelitischen Schutz gestellt zu werden. Als Joshua später die Stadt angriff, ließ er das mit einem scharlachroten Band gekennzeichnete Haus der Rahab unbehelligt.

Das Muster hat sich kaum weiterentwickelt. Vom Wiener Riesenrad hängt ein imaginäres, scharlachrotes Band, das die Stadt unter Informanten-Schutz stellt. Spione sind willkommen und gegen die eine oder andere Gegenleistung erfahren sie alles, was man hier weiß. Dafür wird die Stadt selbst verschont: Die Geheimagenten, die Mafia-Größen, die Großkriminellen, die terroristischen Schläfer und anderen Schattenfiguren der Macht nutzen Wien als Ruheraum, bringen ihre Schäfchen ins Trockene, genießen das Bankgeheimnis und das einschlägige Verständnis der Stadt für ihre Zielgruppe. Ihren Organisationen ist es strikt verboten, in dieser Stadt aufzufallen oder gar Schießereien zu veranstalten. Tatsächlich ist Wien, verglichen mit der Dichte der anwesenden einschlägigen Personen, unverhältnismäßig ruhig.

Der Platz an der Donau, an dem Wien entstanden ist, war von Anfang an Knotenpunkt, was Nachfrage und Angebot an strategisch wichtigen Informationen betrifft. Der Völkerkundler Roland Girtler: „Wien war römisch, die Donau war die Grenze und drüben waren die Markomannen. Und immer mussten da Leute sein, die rüber sind, etwas erzählt, etwas erfahren und weitererzählt haben. Die mussten Grenzen überwinden. Hier beginnt meiner Einschätzung nach in der Wiener Kultur etwas wie ein Geheimdienst. Nach Abzug der Römer im Jahr 476 sind die Slawen gekommen. Wien, Niederösterreich, die Steiermark, alles war slawisch. Wien wurde immer mehr zu einem Platz, an dem viele Kulturen zusammengekommen sind und daher Geheimdienste notwendig waren."

Im 8. Jahrhundert sei der fränkische Agent Samo aufgetreten, ein „James Bond" müsse er gewesen sein, so Girtler. Samo, eingesetzt von Karl dem Großen, habe den Auftrag gehabt, die Slawen gegen die Awaren aufzuhetzen, weil diese durch die freien Räume zur Donau hin vorgestoßen seien und zurückgedrängt werden mussten. „Kriege sind nur mit Geheimdiensten möglich", sagt

Girtler, „gerade hier in Wien, an den Grenzen der Kulturen, ist so etwas nicht wegzudenken. Selbst wenn man im Herbst wissen wollte, ob jenseits des Flusses die Ernte schon eingebracht ist, mussten solche Leute her."

Nicht nur Spionage hat es in Wien immer schon gegeben, auch die hohe Lebensqualität, die heute gern als Grund dafür genannt wird, dass Wien zur „Agentendrehscheibe" geworden ist, was natürlich nur ein Nebengrund sein kann. Mit Lebensqualität meint man in diesem Zusammenhang nicht nur die Versorgungslage an Genussgütern, die Sicherheit vor Kriminellen, angenehmes Wohnen und bekömmliches Klima. Das hat es anderswo auch gegeben. Mit Wiener Lebensqualität meint man vor allem die spezielle Wiener Lebenslust: die Kraft und die Kunst, aus den günstigen Bedingungen etwas Besonderes zu machen und die sinnlichen Genüsse auf ein hohes Niveau zu führen.

Man kann herumreden, so viel man will, man kann Klischee und Wahrheit verdrehen und vertauschen, man kann mit dem Wiener darüber streiten, ob er nun ein lasterhaftes Wesen ist oder nicht. Doch unter dem Strich bleibt Faktum: Er ist eines. Er geht aus der Geschichte als solches hervor. Voneinander unabhängige Beobachter aus verschiedenen Ländern kommen in unterschiedlichen Jahrhunderten zu gleichen Ergebnissen: karneval-buntes Straßenbild, ein Hang zum grundlosen Feiern, Titelsucht, Fresssucht, Sexsucht, Neugier. Gottlosigkeit trotz regelmäßiger Kirchengänge.

Der Historiker Erich Zöllner zitiert im Buch „Schmelztiegel Wien – einst und jetzt" (Böhlau, 1990) aus einer Reihe von historischen Texten, in denen Wien-Besucher von ihren Eindrücken berichten. Durch die Jahrhunderte finden sich mit großer Regelmäßigkeit wiederkehrende Attribute, die, ob kritisiert oder bejubelt, zu bleibenden Wien-Klischees geworden sind. Jahrhundertelanges

Wiederholen hat zwar die Begriffe abgenutzt, ihren Wahrheitsgehalt aber nicht beeinträchtigt. Die Außenbeobachtungen der Wien-Reisenden sind kaum zu entkräften und gar nicht von der Hand zu weisen.

In einem Gedicht der sogenannten „Wiener Briefsammlung" aus dem 13. Jahrhundert finden sich bereits Inhalte, die als Wien-Klischees nie wieder weichen sollten: Wien sei eine „sehr berühmte Stadt mit gesunder Luft, angenehm an einem Flusse gelegen, dicht bevölkert, überreich an zärtlichsten Damen, mit fruchtbarem Lande, einer Fülle von Weingärten, in waldiger Umgebung, wo es am köstlichsten zu leben ist."

Der Oberpfälzer Pfarrer Wolfgang Schmeltzl ist im 16. Jahrhundert hell begeistert. Der Wiener Lebensstil sei „froh, gemütlich und leicht". Schmeltzl fühlt sich beim Spaziergang durch die Innenstadt nach Babel versetzt: „In der Stadt trifft man viele Fremde, die Wiener sind eifrig bemüht, ihnen Auskunft zu geben. Jede Nation trägt ihre eigene Tracht." Von den Sprachen, die in Wiens Straßen zu hören sind, nennt er „Hebräisch, Griechisch, Latein, Deutsch, Französisch, Türkisch, Spanisch, Böhmisch, Windisch, Italienisch, Niederländisch, Syrisch, Kroatisch, Rätzisch, Polnisch, Chaldäisch."

Die Feierlaune der Stadt findet der schwäbische Augustiner Abraham a Santa Clara im 17. Jahrhundert weniger lustig. Die in Wien wütende Pest sei die Strafe Gottes für den „übertriebenen Luxus und Wohlleben der Wiener aller Stände vom Adel bis zu den Dienstboten", hält er in seinem Predigt-Werk „Mercks Wienn" fest. „Man will sich nicht in die gottgewollte Ordnung fügen, ist titelsüchtig, lässt es an echter Frömmigkeit fehlen, ist sich der Vergänglichkeit des Lebens nicht bewusst. Die Frauen sind übermäßig geputzt, lieben Modetorheiten, ihre Schönheit verführt Männer zur Sünde". Der Ausgewogenheit halber gibt der gestrenge Prediger auch zu: „Aber nicht jeder Pflasterstein ist auch ein Lasterstein".

In den Briefen von Lady Mary Wortley Montagu, einer Diplomaten-Gattin, die 1716 und 1717 je einmal in Wien war, finden sich ebenfalls einschlägige Indizien: Die eigentliche Stadt sei klein, dafür die Vorstädte umso schöner, vor allem die Josefstadt, wo man fast nur prächtige Paläste zu sehen bekomme. Die Häuser der Innenstadt hätten fünf bis sechs Stockwerke, die Zimmereinrichtungen der Personen von Rang seien „prachtvoll". Entzückend sei eine „Opernaufführung unter freiem Himmel mit barockem Aufwand großer Dekorationen". Kaiserin Elisabeth Christine findet sie umwerfend schön, ansonsten seien die Wienerinnen hässlich. „Im Übrigen haben die verheirateten Wienerinnen ihre Liebhaber, ihre Gatten natürlich auch ihre Freundinnen. Beide Ehepartner finden das ganz in Ordnung." Sie selbst sei nicht mehr ernst genommen worden, weil sie nach zweiwöchigem Aufenthalt noch immer keine Liebschaft begonnen hatte. Im Übrigen herrsche in Wien „papistische Frömmigkeit, die Priester lügen und die Menge glaubt ihnen blind."

Leibeslust und Neugier sind auch wichtige Punkte in der Wien-Beschreibung des Thüringers Johann Basilius Küchelbecker von 1730, dessen Beobachtungen wohl auch für das Wien der Gegenwart nicht glaubhaft in Abrede zu stellen sind: „Diese Wiener respektieren Adel und Vermögen, der Verstand ist weniger wichtig. Sie erkundigen sich bei Fremden oft in etwas peinlich anmutender Weise, wie es um Stand und Besitz bestellt sei." Küchelbecker schreibt vom „Fressen und Sauffen" als Hauptbeschäftigung der Wiener, die nach ihren „ermüdenden Gelagen lange und gerne schlafen". Die Frauen führten „ungeachtet aller kirchlichen Ermahnungen ein freies Liebesleben. Insgesamt sind die Wiener eher grob und ungehobelt. Es gibt aber auch ziemlich viele, die sich anständig benehmen."

Der „Apostel der Aufklärung" Friedrich Nicolai, der sich Ende des 18. Jahrhunderts mit manchen seiner zahllosen Schriften allzu weit aus dem Fenster lehnte und nicht selten Hohn und Spott erntete, hatte es auf Wien besonders abgesehen: Das „Wohlleben" der Wiener war ihm ein Dorn im Auge, er wetterte gegen die Titelsucht der Wiener, bei denen der Adel alles zähle, während es an bürgerlichem Selbstbewusstsein fehle. Die Wiener seien zwar gastfreundlich und gutmütig, doch sie würden das Leben als Karneval missverstehen: Die Damen seien sehr hübsch, aber allzu sehr „äußerem Glanz zugetan". Es gebe ein Übermaß an „unehelicher Wollust". Der typische Tagesablauf eines wohlhabenden Wieners sehe wie folgt aus: „In der Frühe verzehrt er – je nach Jahreszeit – Obers, Milchrahm oder Milchkaffee, dazu Kipfel; bevor er zur Messe geht, isst er eine Portion ‚Gebetswürstel'. Am Vormittag sitzt er in einem Wein- oder Metkeller, zu Mittag gibt es vier Gerichte, um vier eine Jause, um fünf geht man Kegel spielen. Bald ist unser Wiener wieder hungrig; er verzehrt Geselchtes, Kaiserfleisch oder Hendl, wenn jemand mäßig sein will, geht er in ein Gewürzgewölbe und verspeist dort hundert Austern etc., etc., wann diese Wiener wohl arbeiten?"

Während diese kritischen historischen Beschreibungen auch positive, ja sympathische Deutungen zulassen, können einem die Wiener fast leid tun, was ihr heutiges Image in den österreichischen Bundesländern betrifft. Da bleibt wenig Deutungsspielraum: Die Kärntner beschimpfen sie als „Falotten", als kriminelle Haxlsteller und als einziges Hindernis für die Kärntner auf dem Weg zum politischen Nulldefizit.

Die Steirer nennen die Wiener „Bazi" von hinterm Semmering, österreichische „Piefke" und politische Taschlzieher.

Die Tiroler nennen sie überhaupt nur „die da unten". Und reden über die Wiener wie über eine fremde Besatzungsmacht, die am liebsten tut, was sie am besten kann: die Hand aufhalten und falsch sein.

Alle zusammen beschimpfen sie die Wiener als furchtbar überheblich.

Die Wiener aber lieben Kärnten. Sie beschimpfen die Kärntner nicht als urwüchsige Betonschädel, die hinter den Vorwürfen der Bisexualität ihres ewigen Landeshauptmannes eine Verschwörung des Mossad erkennen.

Die Wiener lieben auch die Steiermark und ihre südlichen Weinhügel wie ein exotisches Fernziel. Sie sagen zwar „St. Eiermark", aber nur, weil das Sprachspiel so verlockend ist. Statt Steiermark St. Eiermark zu sagen hat einfach nur Fantasie.

Und die Wiener lieben Tirol und die Tiroler. Sie sagen nicht, das seltsame Benehmen der Tiroler, ihre traurigen, schuldbewussten Gespräche mit dem Berg seien posttraumatische Belastungsreaktionen auf den alkoholisierten Verlierer-Typen Andreas Hofer und ihr Land ein Freizeit-Gehege für deutsche Büffel.

Da gibt es Missverständnisse: Die Wiener sind nicht so überheblich, wie ihre Sprache klingt. Die von einer Wien-Allergie geplagten Provinzler fallen auf den Wiener Dialekt herein, auf den gedehnten, nach unten gebogenen Ton des Wienerischen, der etwas Gelangweilt-Herablassendes hat.

Umgekehrt fallen die Wiener nicht auf den Kärntner Dialekt herein. Sonst müssten sie dem Kärntner Naturbetrunkenheit nachsagen, nur weil seine verwaschene Sprache als weiches, rundes Lallen daherkommt.

Ebenso wenig beschimpfen sie den Steirer als besten Freund des Menschen, nur weil sein Sprachgebell und sein treuer, verständnisloser Blick das als treffend erscheinen ließe.

Und sie halten die Tiroler nicht für ein elend zugrunde gehendes Bergvolk, nur weil sie unter Schmerzen und großer Anstrengung ihre Knacklaute von sich geben.

Die Menschen in den Bundesländern unterliegen vielleicht dem historischen Wasserkopf-Reflex. Sie geben den Wienern an etwas die Schuld, was die Habsburger angerichtet haben. Als Wien aus der Höhe einer großspurigen Weltreichs-Metropole abstürzte und nach dem Ersten Weltkrieg als viel zu große Hauptstadt in diesem kleinen, verbliebenen Rest des ehemaligen Staatsgebietes zu liegen kam, aber immer noch regieren wollte und gefüttert werden, da erfanden die Bundesländer das Bild vom Wasserkopf Wien und wendeten sich ab.

13 | Spionage-Hotspot mit fünf Sternen
Ist Wien tatsächlich auch heute eine Agenten-Hochburg?

Ist das nicht auch ein Klischee? Ist Wien auch heute noch eine Agenten-Hochburg? Wenn ja, dann müsste das auch als Bedrohung für die Souveränität Österreichs zu deuten sein. Dazu soll die österreichische Staatspolizei (Bundesamt für Verfassungsschutz und Terrorismusbekämpfung, BVT) zu Wort kommen, deren bezahlte Aufgabe es ist, Bedrohungen der Souveränität von der Republik fernzuhalten. Gäbe es diese Bedrohung nicht, wären die „Stapozisten" die Ersten, die das verkündeten. In ihrem Verfassungsschutzbericht 2013 wird unter Punkt fünf zum Thema „Nachrichtendienste und Spionageabwehr" festgehalten: „Die nachrichtendienstlichen Aktivitäten fremder Staaten stellen für die Republik Österreich eine Gefährdung und eine Herausforderung hinsichtlich der Souveränität dar. Je nach Ausrichtung des Nachrichtendienstes können die Aktivitäten politischen, wirtschaftlichen und militärischen Interessen dienen. Auch nach Ende des Kalten Krieges blieb Österreich ein zentrales Land in der Welt der Nachrichtendienste. Maßgebend sind dafür neben der geografischen Lage und der Neutralität, dass innerhalb Österreichs, insbesondere in Wien, neben den UN-Organisationen zahlreiche weitere internationale Organisationen ansässig sind. Österreich ist aber nicht nur Operationsgebiet, sondern auch selbst Ziel der nachrichtendienstlichen Ausspähung. Die Republik ist vor allem in den Bereichen Politik, Verwaltung, Wirtschaft, Forschung, Verteidigungspolitik sowie Energiewirtschaft ein Ausspähungsziel. Für manche Staaten ist es kein Widerspruch, einerseits politische und wirtschaftliche Beziehungen anzustreben, andererseits aber illegale Aufklärung und Spionagetätigkeiten auf österreichischem Bundesgebiet zu betreiben."

Und weiter: „Generell sind die Spionagetätigkeiten ausländischer Nachrichtendienste in Österreich ungebrochen hoch und stellen das BVT durch neue und moderne Möglichkeiten der Ausspähung vor große Herausforderungen ... Trotz der elektronischen Mittel haben jedoch auch herkömmliche nachrichtendienstliche Methoden nicht an Bedeutung verloren. Im Gegenteil: Klassische Spione mit großem Engagement für ihr Heimatland sind nach wie vor in einer überdurchschnittlichen Zahl im Einsatz und können eine Gefahr für die Sicherheit und Souveränität der Republik darstellen."

Nicht immer wirkt das BVT so glaubwürdig. Der Verfassungsschutzbericht deckt sich mit den Einschätzungen aller im Rahmen dieser Buch-Recherche befragten Personen. Was das BVT aber verschweigt, ist, dass die „Bedrohung der Souveränität" auch Geld bringt und „Freundschaften" erhält und daher nicht kaputt gemacht werden soll.

Aber nur nebenbei: Warum wird bejammert, dass befreundete Staaten keinen Widerspruch zwischen ihrer Freundschaft mit Österreich und ihren illegalen Spionagetätigkeiten sehen, wenn Österreich selbst diesen Freunden Daten illegal zur Verfügung stellt?

Kein qualifizierter Beobachter in Österreich bezweifelt, dass die Amerikaner sich, und nicht nur die, in Österreich bedienen. Und das spätestens seit dem Kalten Krieg. Als die Besatzungsmächte 1955 aus Österreich abzogen, sind die Geheimdienste jedenfalls geblieben. Der Grazer Spionage-Experte Siegfried Beer:

„Die hatten sich gut eingerichtet und alles ist ganz normal weitergelaufen."

Mit der Bedienung der Amerikaner hat Österreichs Inlandsgeheimdienst BVT nach Einschätzung von Kennern wenig zu tun. Viel damit zu tun hat das für Auslandsspionage zuständige Heeresnachrichtenamt (HNA), der militärische Geheimdienst. Das HNA gilt als technisch gut ausgestattet (von den Amerikanern mitfinanziert) und als ziemlich erfolgreich, was das Hineinlauschen nach Süd- und Osteuropa betrifft.

Michael Sika, früherer Generaldirektor für die öffentliche Sicherheit: „Es ist völlig klar, Wien war und ist für die Ami ein wichtiger Posten. Das HNA hat mit denen zusammengearbeitet, das geht gar nicht anders. Man hat etwas profitiert, weil die Ami die Ausrüstung hergegeben haben. Aber an Informationen geben die Amerikaner nur Überschussware, nichts Gravierendes. Was sie selbst betrifft, das sagen sie nicht. Aus österreichischer Sicht ist es mehr ein Geben als ein Nehmen. Die Ami haben überhaupt kein Gefühl dafür, anderen zu helfen, wenn sie selbst keinen Vorteil haben. Das HNA hat jedenfalls immer schon sehr erfolgreich spioniert und seine Erkenntnisse immer sehr brav weitergegeben. Doch der Schwerpunkt liegt beim HNA und nicht beim BVT. Zwischen denen hat es da immer Wickel gegeben."

Auch Gert-René Polli ist ein hoch qualifizierter Beobachter. Er kennt beide Geheimdienst-Organisationen von innen. Er war im HNA tätig, bevor er Chef des BVT (2002 bis 2007) wurde. Jetzt berät er Unternehmen bei der Abwehr von Betriebsspionage. Polli über die im Raum stehende Kooperation zwischen Österreich und der amerikanischen NSA: „Die NSA schließt Verträge auf rechtsstaatlicher Basis mit unterschiedlichen Organisationen. Da die NSA solche bilateralen Verträge mit Bündnispartnern und Drittstaaten abschließt, kann man ruhig davon ausgehen, dass es auch mit Österreich einen entsprechenden Vertrag gibt."

Polli sagt, er habe sich immer gewundert, warum österreichische Innenminister wie Ernst Strasser, Johanna Mikl-Leitner oder andere bei Besuchen in Washington stets auch Termine im CIA-Hauptquartier hatten. Was da besprochen wurde, wisse er nicht. Oder dürfe es nicht sagen, weil er noch immer der Amtsverschwiegenheit unterliege.

Obwohl sich Österreich drei verschiedene nachrichtendienstliche Organisationen leistet, gibt es nach Einschätzung Pollis in Österreich keinen klassischen Geheimdienst. Daher könne es auch keine effektive Spionage-Abwehr geben, was von der Republik ohnehin nie angestrebt worden sei, nicht nur, weil der Geheimdienst-Standort Wien auch wirtschaftliche Bedeutung habe.

Die österreichischen „Dienste" sind also, so Polli, weder klassische Geheimdienste, noch wollen sie Spionage-Abwehr betreiben. Ein Kompetenz-Wirrwarr gebe es aber allemal: „Der Auslandsnachrichtendienst HNA hat in Österreich einen einzigartigen Status, weil er nicht zivil, sondern beim Militär angesiedelt ist. Das HNA darf nach dem Militärbefugnisgesetz im Ausland tätig sein. Das Abwehramt wiederum ist im militärischen Rahmen für das Bundesheer zuständig. Das Problem liegt darin, dass die Grenze zwischen Auslands- und Inlandsnachrichtendienst immer mehr verschwimmt. Und dann gibt es noch das BVT, den zivilen Dienst, der eigentlich eine Polizei ist und im Innenministerium sitzt. Das führt zu Kompetenzüberschneidungen mit den zivilen Einrichtungen."

Nicht nur die amerikanischen, auch die russischen Geheimdienste haben in Wien nach wie vor ihr Heimspiel. Wie der Wiener Historiker Philipp Lesiak schildert, ist die österreichische Staatspolizei 1945 „praktisch von den Russen gegründet worden und bestand aus ein paar unausgebildeten, teils erst 18 Jahre alten Buben, die auch zahlreiche Österreicher an die Russen verraten haben. Die österreichische Stapo war damals kommunistisch."

Spionage-Forscher Siegfried Beer schätzt, dass etwa die Hälfte der rund 17.000 in Wien agierenden Diplomaten „zumindest eine Verbindung zu einer Geheimdienstorganisation haben". Auch zahlreiche Nicht-Diplomaten seien geheimdienstlich tätig. Sie sitzen, wie Beer Aussagen anderer Beobachter bestätigt, in den internationalen Organisationen wie UNO, OPEC, OECD oder IAEA sowie in multinationalen Konzernen: „Ihre offizielle Tätigkeit dient als Deckmantel für ihre tatsächliche Tätigkeit, der Beschaffung und Weitergabe von Informationen an Auftraggeber."

Die herkömmliche gegenseitige Ausspioniererei sei nicht weniger geworden und gleichzeitig seien neue Trends dazugekommen: „Es geht immer mehr in Richtung Wirtschaftsspionage. Interessanterweise ist auch ein Trend zur Privatisierung nachrichtendienstlicher Tätigkeiten zu beobachten. Auch der CIA lagert mittlerweile vieles aus. Herr Snowden war ja auch Mitarbeiter eines privaten Unternehmens, an das die NSA Aufträge ausgelagert hat." Wenn Privatisierung auch bedeute, dass staatliche Dienste privaten Auftraggebern gegen Bezahlung Wirtschaftsgeheimnisse liefern, dann erreiche die Entwicklung eine neue Ebene. Beer hält das für gut möglich. Insgesamt erlebe die Spionage weltweit einen Aufschwung, den die Al-Kaida-Attacke auf die Türme des New Yorker World Trade Centers vom 11. September 2001 ausgelöst hat. Beer: „Vor 9/11 war die NSA vom Zusperren bedroht, weil es keine Feinde mehr gab, doch seither können sich die Dienste über verdreifachte Budgets freuen. Und der New Yorker Anschlag hat die Methoden wieder freigestellt. Ich war selbst dort zu Besuch. Die hatten seit dem Kalten Krieg gar nichts an Wichtigkeit verloren und dennoch großen Rechtfertigungsbedarf. Dass Obama sich schützend vor die NSA stellt, ist vollkommen verständlich. Diese Dienste kommen nur in die Medien, wenn was schiefläuft, und nicht, wenn ein Anschlag verhindert worden ist. Die Angst, einen Erfolg zuzugeben und damit gegenüber dem Feind etwas zu verlieren, ist tief in diesen Organisationen drinnen." Die NSA sei jedenfalls nicht an einer totalen Überwachung der gesamten Weltbevölkerung von sieben Milliarden Menschen interessiert. Noch weniger am rechtswidrigen Monitoring der eigenen Bevölkerung, sondern an der „legitimen Wahrnehmung von Gefährdungen, der eigenstaatlichen wie auch globalen. Das betrifft weltweit vielleicht 100.000 Personen."

In Wien jedenfalls läuft die Spionage-Maschinerie, mit oder ohne 9/11, auf Hochtouren. Beer: „Es ist eine Art Tourismus-Sparte. Charmant wollen wir alle sein, beliebt auch, und wenn dabei auch noch etwas abfällt, passt es noch besser."

Dass die Wiener Agenten-Dichte in den Jahrzehnten seit dem Kalten Krieg alles andere als abgenommen hat und dass die meisten Botschaften in Wien massiv übersetzt sind, um Platz für Agenten zu schaffen, weiß auch der frühere Chef des Wiener Sicherheitsbüros, Max Edelbacher. „Diese Botschaften sind personell weit stärker bestückt, als es für ein so kleines Land wie Österreich üblich wäre. Besonders die russische und die amerikanische Botschaft sind massiv übersetzt. Von Wien aus werden auch viele andere geografische Regionen mitbetreut. Da sitzt der Legal Attache des FBI in Wien und bearbeitet von hier aus die Spionage-Aktivitäten auch in Ungarn, Tschechien und Polen." Selbstverständlich wisse das jeder auch nur halbwegs mit der Materie Befasste, so auch die Staatspolizei, die in ihrem Verfassungsschutzbericht von einer „Bedrohung" spricht. Doch gegen die „Bedrohung" etwas zu unternehmen sei nicht im Interesse der Republik Österreich. Edelbacher: „Unsere Stapo sagt, sie hat das mehr oder weniger unter

Kontrolle und sie nehmen das halt in Kauf, um Wien als diplomatische Drehscheibe aufrechtzuerhalten. Das hat auch ökonomische Effekte."

Die „ökonomischen Effekte" betreffen laut Edelbacher nicht nur den Spionage-Bereich: „Wien ist auch nach wie vor Begegnungsort der organisierten Kriminalität. Da treffen sich die Bosse der russischen mit jenen der italienischen Mafia, um ihre Jagdreviere abzustecken. Der wirtschaftliche Effekt ist, dass deren Damen auf der Kärntner Straße einkaufen gehen und das Geld dalassen. Die Mafia-Leute haben auch gerne Immobilien gekauft. Dazu kommt die öffentliche Sicherheit Wiens. Der Oligarch kann hier in der Nacht ohne Leibwächter mit der Straßenbahn nach Hause fahren, ohne dass ihm etwas passiert."

In den 80er- und 90er-Jahren seien so viele Geheimagenten und Großkriminelle in Wiener Hotels wie dem Hilton, Marriott oder Ana Grand und anderen zugegen gewesen, dass sie sich, so Edelbacher, „gegenseitig auf die Füße getreten sind. Wir sind vor den Hotels gestanden und haben nur blöd schauen können. Drinnen sind die Mafia-Bosse gesessen und haben Dinge besprochen, von denen wir keine Ahnung hatten. Deshalb haben wir damals den großen Lauschangriff (Anm.: Telefonüberwachung ohne konkreten Verdacht) gefordert." Den Lauschangriff gibt es mittlerweile längst, geändert habe sich aber nichts Wesentliches.

Dasselbe sagt auch Ex-Sicherheitsgeneraldirektor Sika: „Bis zu zwölf namhafte Bosse der sogenannten Ost-Mafia haben in Wien gewohnt und diese Stadt an vornehmen Adressen wie dem Wiener Graben genossen. Die hatten Wien als Rückzugs- und Genuss-Raum genutzt und weil man keinen Mist macht, wo man schläft, gab es in Wien auch keine Schießereien." Sika pilgerte damals immer wieder ins Parlament, um den Herrschaften im Hohen Haus zu erklären, wofür die Polizei den Lauschangriff benötigte. Jedenfalls nicht, um den kleinen Österreicher auf der Straße zu bespitzeln. Sika: „Was habe ich auf die Abgeordneten eingeredet, doch die politischen Vorbehalte waren lange zu stark und zu undifferenziert. Mir hat man damals ja vorgeworfen, es gebe gar keine organisierte Kriminalität. Die haben gesagt, der Sika hat das erfunden."

Zur Aussage des früheren KGB-Chefs Wladimir Krjutschkow, wonach Wien für den KGB und alle anderen ausländischen Geheimdienste deshalb so angenehm war, weil die Wiener so „tolerant" seien, sagt Sika: „Dem ist nichts hinzuzufügen. Das sagen alle, die Amis, die Russen, alle."

Gert-René Polli kann dem nur beipflichten: „Selbstverständlich ist Wien nach wie vor eine Hochburg für Spionage, auch wenn es heute immer mehr um Wirtschaftsspionage geht und dass zunehmend kleinere Betriebe das Ziel sind, weil die sich gegen Internet-Attacken nicht wappnen. Es ist heute immer noch eine Belohnung für jeden Agenten, nach Wien versetzt zu werden." Die Chefsessel dieser Einheiten seien in Wien deshalb auch sehr hochrangig besetzt. Polli: „Unsere Gesetzgebung war jahrzehntelang Steigbügelhalter dieser Entwicklung. Sie können in Österreich nur dann wegen Spionage belangt werden, wenn sie gegen die Interessen der Republik gerichtet ist. Etwas Schöneres gibt es ja gar nicht."

Komme es dennoch zu einem Problem, liege auch gleich das Gegenmittel parat. Polli: „Es gibt diese sogenannten Residenturen an den Botschaften, die die Verbindung zu den offiziellen Stellen in Österreich unterhalten. Wenn es ein Problem gibt, kann man jemanden vom CIA oder den russischen Geheimdiensten FSB oder SVR vorladen. So können viele Probleme rasch und unauffällig gelöst werden. Davon getrennt arbeiten die klassischen Spione: Sie kommen mit einem Team und einer bestimmten Aufgabe, um eine operative Angelegenheit zu Ende zu bringen."

Die „Arbeitserleichterungen", die Geheimagenten in Österreich genießen, sind weltweit ohne Vergleich: Die Staatspolizei ist weitgehend inaktiv und unterautorisiert; Tausende bekanntermaßen als Diplomaten „verkleidete" Geheimagenten werden geduldet; die österreichischen Geheimdienste betreiben keinerlei effektive Spionage-Abwehr; im Gegenteil beliefert Österreichs militärischer Geheimdienst die Amerikaner vermutlich mit Informationen; der Oberste Gerichtshof hat Spionage, so sie sich nicht gegen Österreich richtet, vor Jahrzehnten überhaupt für straffrei erklärt. Und selbst Wertkarten-Handys, die wegen ihrer Anonymität fast überall verboten sind, werden in Österreich massenhaft abgesetzt. Polli: „Es ist mir in meiner Amtszeit nicht gelungen, das abzustellen. Es ist offenbar ein gewaltiges Geschäft. Nach der Zahl der verkauften Wertkarten müsste jeder Österreicher zwei Wertkarten-Handys besitzen."

Diese Bedingungen ziehen nicht nur Geheimagenten und Mafia-Größen an, sondern auch Schattengestalten aus anderen Bereichen: balkanesische Kriegsgewinnler, Abkömmlinge osteuropäischer „Kleptokratien", exotische Selbstbediener. Und nicht zuletzt Terroristen, die warten, geweckt zu werden: sogenannte Schläfer. Michael Sika: „Sie dürfen nicht vergessen, dass Wien nach wie vor eine Schläfer-Hochburg ist. Alle Kontakte in den arabischen Bereich, die in Wien stattfinden, haben auch Österreich-Bezug und bergen daher die Gefahr, dass auch hier einmal etwas passiert. Noch ist es aber so, dass die sich sagen: Dort, wo ich schlafe, stelle ich nichts an."

14 „Jedes Schriftl is a Giftl"
Polizisten als Handlanger und Prügelknaben

Die Polizei ist nicht immer an allem schuld. Wenn es der Republik wieder einmal darum geht, bei bestimmten ausländischen Mächten nicht anzuecken und strafrechtlich auffällige Personen loszuwerden, die den Schutz dieser Mächte genießen, dann muss sich die österreichische Rechtsstaatlichkeit dem staatspolitischen Interesse möglichst unauffällig unterordnen. Die undankbare Ausführung ist dann meist Aufgabe der Polizei. Das passiert nicht jeden Tag, aber doch immer wieder.

Wenn Terroristen, die gerade auf österreichischem Staatsgebiet Menschen ermordet haben, zum Flughafen eskortiert werden anstatt ins Gefängnis, dann muss das die Polizei machen. Wenn jemand in Österreich in Verdacht gerät, straffällig geworden zu sein, der der Sohn von Muhammar Gaddafi ist, dann ist es die Polizei, die Akten schließen muss, ohne schlüssig erklären zu können, warum. Wenn einem ahnungslosen Polizisten ein international gesuchter KGB-Mann ins Netz geht, von dem aber die Finger zu lassen sind, weil Moskau mit dem Zaunpfahl winkt, ist es wieder die Polizei, die ihn laufen lassen muss. Am Stammtisch sind die Urteile dann schnell gefällt: Österreich ist ein Polizei-Staat. Die gesamte Polizei ist korrupt und alle stecken unter einer Decke.

So werden Polizisten oft zu Handlangern und Prügelknaben zugleich. Von oben werden sie in einen Konflikt mit ihrer Berufsethik getrieben, von unten kritisiert, es eigenmächtig gemacht zu haben.

Sie können sich weder nach oben hin querlegen noch nach unten erklären.

Wahr ist: Viele können gleichzeitig unter einer Decke stecken, aber niemals alle. Die Polizei ist alles andere als ein homogener Trupp, der unter einer Decke Platz hat. Innerhalb des Apparates gibt es so viele unterschiedliche Meinungen und Interessen wie außerhalb. Da gibt es parteipolitische Strömungen, politischen Einfluss, rechtslastige Lager, manch unqualifizierte, überforderte Rächer der Nation und viele ganz normale, gute Polizisten. Sie werden manchmal auch parteipolitisch instrumentalisiert. Je nach Parteizugehörigkeit des Innenministers, dem politischen Chef der Polizei, werden Schlüsselstellen in der Exekutive nach Belieben umgefärbt und Polizeireformen entlang parteipolitischer Interessen gestaltet. Da werden Einsparungen durchgeführt, die die Sicherheit des Landes gefährden können, nur weil die Partei des Ministers ein Budget-Ziel zum Herzeigen braucht. Die ÖVP hielt sich mit dem „Büro für Interne Angelegenheiten" (BIA) eine Polizeitruppe, deren offizielle Aufgabe es war, polizeiinternen Dienstverfehlungen nachzugehen. Eine Polizei-Polizei also, die aber bei Bedarf auch gegen politische Gegner losgeschickt werden konnte.

Zähneknirschend musste das BIA dann unterste Schubladen ziehen und wurde dafür mit vernichtender Kritik, Hohn und Spott überschüttet. So wurde das BIA in einem Fall dazu vergattert, der Schwiegermutter (!) des früheren SPÖ-Bundeskanzlers Franz Vranitzky im Altersheim (!) nachzustellen. Just nachdem bekannt geworden war, dass der damalige ÖVP-Kanzler Wolfgang Schüssel privat eine Pflegerin illegal beschäftigt hatte und man in der ÖVP davon ausging, dass die Geschichte von der SPÖ lanciert worden sei. Der Polizei-Einsatz im Altersheim gegen die greise Verwandte eines politischen Gegners sah nach einer Retour-Kutsche aus, die für sich sprach. Das BIA hatte keine Erklärung parat und redete sich immer tiefer ins Schlamassel. Händeringend beteuerte man, es hätte sich keineswegs um eine von der ÖVP bestellte Retourkutsche gehandelt. Und es sei auch nicht einmal um die Schwiegermutter gegangen. Man habe eigentlich Franz Vranitzky persönlich gesucht, um ihn etwas zu fragen.

Man hat also einen Polizei-Einsatz im Altersheim veranstaltet, um die Schwiegermutter zu fragen, ob sie zufällig wisse, wo ihr Schwiegersohn steckt? Diese Erklärung hat Fragen offen gelassen: Warum hat man nicht Vranitzky selbst angerufen? Oder einen der Polizisten, die Vranitzky permanent beschützen und daher eigentlich wissen sollten, wo er sich befindet?

Die gesamte Exekutive nach diesem Muster politisch zu dirigieren ist unmöglich. Dafür ist der Apparat nicht nur politisch zu inhomogen. Er beherbergt auch Leute, die da nicht mitmachen würden. Da gibt es bald jemanden, der den Medien oder dem politischen Gegenüber Informationen zusteckt.

Doch man kann die Polizei aus Staatsinteresse steuern. Man kann sie vorlassen und zurückpfeifen. Und damit das anständig funktioniert, ist es wichtig, dass auch die Polizei nicht mehr weiß, als sie wissen soll. Und dass man sie jederzeit „deppert sterben lassen" kann, wie der legendäre Wiener „Kieberer" Max Edelbacher erklärt.

Sehr wohl „unter einer Decke stecken" Staatsanwaltschaft und Staatspolizei, wenn es um Fälle mit politischer Relevanz geht. Ob etwas verdächtig ist oder nicht, ob ein Sachverhalt zu verfolgen ist oder nicht, das entscheidet nicht das Gesetz, sondern der Staatsanwalt. Der Staatsanwalt vertritt die Interessen des Staates und die sind immer politisch. Und weil der Staatsanwalt trotz jahrelanger Diskussionen noch immer weisungsgebunden ist, entscheidet letztlich sein Chef, der Minister, also die Regierung. Wenn da ein mutmaßlicher Verbrecher des KGB festgesetzt wird, dann hat man aus politischen Gründen kein Interesse an einer Verfolgung, weil sonst die Russen mit der Eintrübung der bilateralen Beziehungen drohen könnten, mit der Verschlechterung der Bedingungen, unter denen österreichische Unternehmen in Russland arbeiten, oder damit, den russischen Gashahn für Österreich zurückzudrehen. Nichts davon kann im Interesse des Staates liegen. Wenn der Staatsanwalt also etwas nicht verfolgen will, dann sagt er nicht, dass er nicht will, sondern er findet einen formalen Grund, sagen zu können, dass er nicht kann: etwa, dass eine gesetzliche Frist versäumt worden sei, nachdem man dafür gesorgt hat, dass eine gesetzliche Frist versäumt wurde. Aber hinter all diesen pragmatischen Gründen gibt es auch eine irrationale Tradition österreichischen Gehorsams, die mit dem Machtgefälle zwischen Siegern und Verlierern des Zweiten Weltkrieges zusammenhängt.

Wenn der Staatsanwalt ermittelt, tut er das nicht eigenhändig, sondern erteilt der Polizei konkrete Ermittlungsaufträge. Die Polizei selbst ist nicht autorisiert, selbstständig zu ermitteln, nur weil ihr etwas verdächtig vorkommt. Sie ist im Rahmen eines Ermittlungsauftrages nur befugt, genau das zu ermitteln, wozu sie beauftragt wurde und nichts anderes. Die Kriminalpolizei muss die Tatortarbeit machen, Beweise sammeln, alles abliefern und sich dann entfernen, damit sich der Staatsanwalt mit der Staatspolizei in Ruhe beraten kann.

Zwei legendäre Größen der österreichischen Polizei, beide emeritiert und daher in ihrer Wortwahl unverblümt, schildern im Folgenden, wie es funktioniert, wenn die Polizei politisch instrumentalisiert wird: Michael Sika, von 1991 bis 1999 Generaldirektor für die öffentliche Sicherheit und damit ranghöchster Polizist der Republik an der Schnittstelle zwischen Exekutive und Politik. Und Max Edelbacher, langjähriger Chef der Wiener Mordkommission und des Sicherheitsbüros. Beide sind Wiener

„Kieberer" der alten Schule, die selbst bei Verbrechern Ansehen genossen haben.

In der Polizei laufen politische Einflussnahmen nie offen und direkt. Niemand sagt, pass auf, das müssen wir unter den Tisch fallen lassen, weil die Politik das so will. Alles läuft mit dem Wiener Behörden-Schmäh der „doppelbödigen Rede", die seit dem 18. Jahrhundert in der kaiserlichen Beamtenausbildung geschult wurde. Die Einflussnahme kommt lächelnd und verschnörkelt daher. Mit barocken Verzierungen wird das eine gesagt und das andere gemeint, sodass man im Bedarfsfall zurückweichen und es nachher ganz anders gemeint haben kann. Schon gar nicht gibt es entsprechende schriftliche Dienstanweisungen.

Michael Sika: „Politische Direktiven für den Umgang mit besonderen Personen gab es nicht so direkt, denn, wie Sie wissen: Jedes Schriftl is a Giftl. Man hat nicht gesagt, lieber Freund, gegen den darfst du nicht ermitteln. Mit einer Ausnahme: Ich war an der Causa Udo Proksch dran und habe versucht zu ermitteln, Jahre bevor die ‚Affäre Lucona' aufgeflogen ist. Das hat man mir abgedreht. Ich war damals ein unbedeutender Polizist und man hat gesagt, lieber Freund, das machen andere. Du nicht. Es war gebietsmäßig nicht meine Zuständigkeit, aber es war für mich schon interessant, dass man da so strikt ist. Weil die anderen, die gebietsmäßig Zuständigen, haben es dann auch nicht gemacht. Dass man mir einen Schuss vor den Bug gegeben hat, habe ich zur Kenntnis genommen, weil es den Regeln gebietsmäßiger Zuständigkeit entsprochen hat."

Alle diese vergleichbaren Affären seien „ein bisschen lässig gehandhabt" worden. Sika: „Wenn Ermittlungen verhindert werden sollen, dann müssen Polizisten nur zur strikten Einhaltung der Vorschriften vergattert werden. Da wird kein direkter Druck ausgeübt. Man wird auf die Vorschriften verwiesen und darauf, was entstehen kann, wenn man sich nicht daran hält. Also Verfahren beim Verfassungsgerichtshof und so weiter. Und jeder weiß, wenn man sich wirklich hundertprozentig an die Vorschriften hält, hat man halt oft keinen Erfolg."

Zur Erinnerung: Udo Proksch, einer der schillerndsten Kriminellen der Zweiten Republik mit besten Beziehungen in höchste politische Kreise und offenem Zugang in die internationale Halbwelt, Schmuggler, Spion, charismatischer Spinner und selbsternannter Erfinder, wurde 1992 wegen sechsfachen Mordes verurteilt und starb 2001 im Gefängnis. Er hatte im Zuge eines Versicherungsbetruges das Frachtschiff „Lucona" 1977 im Indischen Ozean sprengen lassen, wobei sechs Besatzungsmitglieder starben. Proksch hatte die Ladung als wertvolle Uranerz-Mühle deklariert, tatsächlich aber Schrott geladen. Die Versicherung hatte Verdacht geschöpft und zahlte die Prämie nicht aus. Seine politischen Freunde sollen es gewesen sein, die Ermittlungen gegen Proksch jahrelang verhindert haben. 1985 wurde er mit seinem Komplizen wegen Betrugsverdacht erstmals verhaftet, doch zwei Wochen später wieder entlassen. Der damalige Nationalratspräsident Leopold Gratz und Innenminister Karl Blecha mussten zurücktreten, weil sie die Freilassung von Udo Proksch bewirkt haben sollen. Erst 1987 begann die Aufarbeitung des „Jahrhundert-Skandals" durch ein Enthüllungsbuch des Journalisten Hans Pretterebner. Proksch war jahrelang weltweit auf der Flucht, ließ sich unterwegs das Gesicht chirurgisch verändern und wurde im Oktober 1989 am Wiener Flughafen Schwechat verhaftet, als er unter dem Namen Alfred Semrad einreisen wollte.

Schon lange vorher hatte er sich auch gern als Serge Kirchhofer ausgegeben. Auf diesen Namen stieß Michael Sika im Zuge von Ermittlungen in einem ganz anderen Kriminalfall, als er eine sichergestellte Waffe überprüfte. Das war Jahre, bevor der erste Lucona-Verdacht aufkommen sollte. Sika: „Proksch war eine politische Figur, die man so lange geschützt hat, wie es ging. Als er dann aufflog, bissen einige seiner Freunde ins Gras. Ich muss ehrlich sagen, es war zu groß für mich. Ich habe dann aufgegeben. Ich war damals mit dem Sicherheitsbüro in ständigem Kriegszustand, weil ich über meine Kompetenzen hinausgegangen war und das Sicherheitsbüro sich beschwert hat, dass ich in ihrem Teich fische. Sie selbst haben den Fisch dann aber auch in Ruhe gelassen." Außerdem habe er, Sika, in diesem diffusen Anfangsstadium der Ermittlungen nichts ausreichend Bissfestes gegen Proksch in der Hand gehabt. Sika hatte nicht viel mehr als seinen treffsicheren Riecher: „Proksch war mir einige Schuhnummern zu groß, weil ich den Apparat nicht hinter mir hatte. Ich war damals auf einem Bezirkspolizei-Kommissariat mit vier Hansln und da konnte ich niemals weitermachen. Sie dürfen nicht vergessen, Proksch hatte unglaubliche politische Verbindungen. Die hätten mich rausgeschmissen. Aber im Nachhinein kann ich sagen, dass der Riecher da war, ich hatte recht gehabt."

Im Fall einer anderen Person, erinnert sich Sika, sei die Politik sehr wohl an munteren Ermittlungen interessiert gewesen: im Fall Jörg Haiders. Aber auch da habe es kein „Schriftl" gegeben: „Ich bin nicht direkt motiviert worden, etwas zu finden. Der Minister hätte natürlich schon Interesse gehabt, ihm eines auszuwischen. Aber er hat mich nicht angerufen."

Über Haider habe es zahlreiche Gerüchte über sexuellen Missbrauch, Drogen, Schwulen-Exzesse und anderes gegeben. Mitunter auch Hinweise, denen nachzugehen war. Sika: „Die Regierung war daran interessiert, Haider hochgehen zu lassen. Er war eine Gefahr für SPÖ und ÖVP. Ich glaube, man hätte es sehr gerne gehabt, dass man ihm das Handwerk legt." Haider hatte im zweiten Wiener Gemeindebezirk eine Wohnung, in der es, so Sika, „manchmal wild hergegangen ist mit Drogen und so. Wir haben versucht, das zu observieren. Aber es gab da einen Polizisten in der Ermittlungsgruppe, der zu Haider übergelaufen ist und ihm alles gesteckt hat. Nun wusste Haider sehr konkret, was wir alles gemacht haben und hat sich wahnsinnig aufgeregt. Und wenn die FPÖ aufschreit, ist das ein Politikum." Dann werde der Minister nervös und sage: „Hearst, passt's auf, dass ma do net auf die Goschn fallen." Herausgekommen sei bei diesen Ermittlungen letztlich nichts, nicht zuletzt, weil es eine turbulente Zeit war, und die Exekutive mit den Briefbomben-Serien von Franz Fuchs mehr als beschäftigt war.

Auch Max Edelbacher ist nie direkt aufgefordert worden, sein Amt zu missbrauchen: „Das läuft natürlich eleganter ab und nicht mit direkten Aufforderungen. Aber mir hat man nicht sagen müssen: ‚Edelbocha, hoit di z'ruck'. Als kleiner Krimineser war ich da zu unwichtig. Das Informationssystem innerhalb der Behörde siedelt die Kripo unterhalb der Stapo an. Die Unterbehörde hat immer Berichterstattungspflicht nach oben und wenn es zu politischen Weisungen kommt, dann, weil staatspolitische Interessen höher als polizeiliche Interessen eingestuft sind. Auf diplomatischer Ebene gibt es einen Wissenslevel, ob im Außenministerium oder im Kanzleramt, dagegen bist du als Polizist ein kleines Radl, das Informationen liefern muss. Aber die Bewertung passiert dort oben. Und ob da was zurückkommt, wird ebenfalls da oben entschieden."

Am Beispiel des eingangs dieses Buches erwähnten libyschen Ex-Premiers Shukri Ghanem werde das deutlich: „Wenn die Tatortgruppe ermittelt, die Wasserleiche sichert und die Obduktion macht, dann wird sie nicht die volle Information über diese Person haben. Die ist bei der Stapo. Es ist eine Frage der Taktik, wann oder ob dieses Wissen an uns weitergegeben wird. Wie weit so was im Einzelfall gesteuert ist, kann ich auch nicht sagen."

Den Eindruck, dass in Österreich staatspolitische Interessen bei Bedarf über rechtsstaatliche Prinzipien gestellt werden, bestätigt Edelbacher: „Wenn es machbar ist, sicher. Das hat es immer schon gegeben. Das wird man im Konfliktfall nicht so offen deklarieren. Man argumentiert, dass in der Entscheidungsphase die entsprechenden Informationen nicht vorhanden waren. Dass die Informationslage in Wahrheit aber besser war als behauptet, ist dann eine Frage der Nachweisbarkeit."

Ein gutes Beispiel sind die sogenannten „Kurdenmorde". Ein Fall, bei dem Edelbacher als Chef der Mordkommission von Anfang an dabei war: Im Sommer 1989 war der kurdische Oppositionsführer Abdul Rahman Ghassemlou als Generalsekretär der Demokratischen Partei Kurdistans/Iran zu geheimen Verhandlungen mit Vertretern der iranischen Regierung nach Wien gekommen. Am 13. Juli überfiel ein iranisches Killer-Kommando die Wohnung in Wien-Landstraße, wo sich die Kurden-Delegation versammelt hatte, und richtete ein Blutbad an, bei dem drei Personen starben. Die Täter fanden in der iranischen Botschaft in Wien Unterschlupf und wurden schließlich von der österreichischen Staatspolizei zum Flughafen Schwechat eskortiert, um abfliegen zu können. In den Jahren danach war immer wieder die Rede davon, dass der spätere iranische Präsident Ahmadinedschad Mitglied der Tätergruppe gewesen sein soll. Er soll vor dem Eingang zum Tatort-Haus Schmiere gestanden sein.

Edelbacher war der erste Polizist vor Ort: „Ob stimmt, dass Ahmadinedschad dabei war, kann ich nicht beurteilen. Wie ich hingekommen bin, war er schon weg." In der Tatort-Wohnung bot sich jedenfalls ein Bild, das auch einem ausgekochten Mord-Spezialisten an die Nieren geht: „Wie ich zum Tatort gekommen bin, sind da die Toten gelegen, das Blut is an der Wand gehängt in der großen Wohnung. Das war massivst."

Dass mehr dahinterstecken musste als ein herkömmliches Gewaltverbrechen, habe man zwar gesehen, doch die politische Dimension nicht: „Dass das nicht nur kriminell war, haben wir auch erkannt. Aber die ganzen Hintergründe, dass sich der Führer der Kurdenpartei hier mit Leuten getroffen hat, das war uns am Tatort alles nicht bewusst."

Nicht jedes verdächtig wirkende Behörden-Verhalten sei gleich politische Einflussnahme. Oft handle es sich auch schlicht um natürliche Schlamperei: „Es ist im Einzelfall oft schwierig bis unmöglich, objektiv abzugrenzen, wo die Schlamperei beginnt, was Absicht und politische Steuerung ist. Als kleiner Polizist, der an der Front arbeitet, wenn auch als Chef des Sicherheitsbüros, kannst auch deppert sterben, wenn du das Gesamtkonzept und die Gesamtinformation nicht zur Verfügung hast." Eine große Rolle spiele die Kommunikation zwischen den polizeilichen Abteilungen: „Das ist schon an den Nummern zu sehen. Nummer eins ist die Stapo, Nummer zwei die Kripo. Was heißt das? Dass du eben als Zweier nicht so wichtig bist wie als Einser. Wir haben zugearbeitet. Aber was wir zurückbekommen haben, lag in der Hoheit der Einser. Ob die uns jetzt deppert sterben lassen oder nicht, das ist in ihren Händen gelegen. Das war eben abgesprochen mit dem Innenminister, mit der Bundesregierung oder mit wem auch immer." Da habe es übergeordnete Informations- und Interessenlagen gegeben, die den Ermittlern vorenthalten wurden: „Drum haben die uns immer rausgeschickt, wenn sie geredet haben. Wir waren die Frontarbeiter. Haltet's die Stellung, räumt's auf, stellt's Beweise sicher. Aber was dann entschieden wurde, das war eine andere Sache, in die wir nicht eingebunden waren. Das sagt man nicht gern, es ist aber Tatsache."

Andererseits wirke in Österreich bald einmal etwas verdächtig. Und immer alles mit Misstrauen zu verallgemeinern und von dubiosen Motiven getrieben zu sehen, gehe an der Realität vorbei: „Wie gesagt, auch Schlamperei ist in Wien immer gut möglich. Wo die Grenze zwischen Schlamperei und Weisung ist, ist oft schwer zu sagen."

So soll es wohl auch sein. Denn was schwer zu sagen ist, sagt man besser gar nicht. Und die heutige Polizisten-Generation werde dem wenig entgegensetzen: „A Kieberer hat immer a Schlitzohr sein müssen. Die heutige Generation besteht aus braven Technokraten, aber vom Leben wissen sie wenig. Sie können super analysieren und im Internet arbeiten. Aber setz den einmal hin und lass ihn mit jemandem reden, da tut er sich schwer."

15 | Das ernste Spiel
Der Wiener Schmäh als einzigartiges Kultur-Phänomen

Die Wiener Beamten-Weisheit „Jedes Schriftl is a Giftl" ist uralt. Sie ist eine praktische Anleitung, wie man korrupte Handlungen setzen kann, ohne Spuren zu hinterlassen. Eine der beiden Wurzeln der Kommunikations-Kompetenz „Wiener Schmäh" betrifft diesen Punkt. Er ist ein verbaler Balance-Akt zwischen dem untertänigen Bürger der Monarchie und deren allmächtigem Beamten, bei dem ausgelotet wird, ob und zu welchen Bedingungen eine rechtswidrige Abmachung zustande kommen kann, ohne es direkt auszusprechen.

Den Wiener Schmäh gibt es nur in Wien und nirgendwo anders auf der Welt, nicht einmal in der Nähe von Wien. Selbst etwas entfernt Vergleichbares ist unbekannt. Es gibt keinen Klagenfurter Schmäh oder einen Moskauer Schmäh oder einen Berliner Schmäh. In der deutschen Hauptstadt gibt es mit der „Berliner Schnauze" eine lokaltypische Art des Lästerns. Der Kabarettist Alfred Dorfer nennt das „eher eine direkte, schlagfertige Art der Schnoddrigkeit, von der andere Deutsche sagen, es ist kein Humor, sondern Unhöflichkeit".

Der Wiener Schmäh ist etwas völlig anderes. Er funktioniert ausschließlich im Wiener Dialekt und ist vollkommen unübersetzbar. Er ist auch nicht ins Hochdeutsche zu transferieren und schon gar nicht noch weiter weg. Für japanische Touristen etwa, die im

Reiseführer von dieser Attraktion gelesen haben, ist er absolut unzugänglich. Selbst für Deutsche ist er nur zu erahnen. Und auch Österreicher außerhalb von Wien haben in der Regel kaum konkrete Vorstellungen, was das wirklich sein soll. Wer denkt, dass Wiener Schmäh bloß Verlogenheit ist, liegt ebenso falsch wie jene, die denken, er sei einfach nur witzig oder gar charmant.

Selbst Sprachwissenschaftler, die gleichzeitig Wien-Kenner sind, neigen zur Verzweiflung, wenn sie dem seltsam flüchtigen Phänomen mit ihrer kategorischen Denke zu nahe kommen. Auch wenn sie mit schwerem Geschütz auffahren: mit empirischer Gesprächsforschung, Konversationsanalyse, Ethnografie der Kommunikation, interaktionaler Soziolinguistik, linguistischer Anthropologie und, und, und. Es will einfach nicht wirklich greifen.

Der Wiener Schmäh ist das mit Abstand faszinierendste Phänomen, das diese Stadt jemals hervorgebracht hat.

Schon der Wiener Humor, der nur eines der Betriebsmittel des Schmähs ist, genießt den Status des nahezu Einzigartigen. Neben dem Wiener Humor entdecken Experten innerhalb Europas nur noch den englischen Humor. Das heißt nicht, dass die Menschen außerhalb von England und Österreich keinen Spaß verstehen. Fast überall auf der Welt lacht man gerne und macht Witze. Doch der Wiener Humor ist ein Kultur-Phänomen. Eines, das bewusst als solches gepflegt wird. Er existiert nicht durch Witzemachen, sondern durch bewusste Kultur-Pflege. Der Schmäh führende Wiener weiß, dass es beim Wiener Humor nicht nur ums Lachen geht, sondern auch um kulturelle Absicherung eines einzigartigen Phänomens.

Die Wiener Kulturwissenschaftlerin Sabine Müller und ihr Kollege Vrääth Öhner haben eine Studie zu dem Thema durchgeführt und einen noch unveröffentlichten Arbeitsbericht mit dem Titel „Wiener Schmäh. Zur Entstehung, Tradierung und Aktualität einer lokalspezifischen Kommunikationskompetenz" vorgelegt. Der Studie ist dieses Kapitel gewidmet.

Der Wiener Schmäh ist also kein Witz: Ein Witz wird von einer einzelnen Person erzählt, ist ein Monolog, der auf eine Pointe zuläuft, deren spezifische Bedeutung genau verstanden werden muss. Witze machen, Frotzeln, Anpflaumen, Veräppeln, Necken, Foppen: Das alles ist nicht Wiener Schmäh.

Selbst relevante Wörterbücher tappen im Dunkeln. Das „Deutsche Wörterbuch" zeigt mit seiner Definition auf, was vom Wiener Schmäh übrig bleibt, nämlich nichts, wenn das, was man „das Wienerische" nennt, nicht geläufig ist: „Billiger Trick, Schwindelei, Ausflucht". Oder „Oberflächliche Höflichkeit, Sprüche und Scherze".

Das „Variantenwörterbuch des Deutschen" hat mehrere Bedeutungen parat und versteht den Wiener Schmäh in erster Linie als „Schwindel, Betrügerei" und nennt als Wort-Beispiel „Öko-Schmäh". Es handle sich dabei um das Verbreiten von Unwahrheiten, zumindest von „nicht ganz der Wahrheit Entsprechendem". Eine dritte Wortbedeutung sei „witzige, originelle Bemerkung; Pointe, Scherz".

Zur Tatsache, dass der Schmäh etwas ist, das „rennt", meint das Wörterbuch, „den Schmäh rennen lassen" hieße „laufend Sprüche machen" und „andere auf humorige Art unterhalten". Bedeutung Nummer vier will den Wiener Schmäh als „typisch österreichisch angesehene, gelegentlich auch als oberflächliche Freundlichkeit empfundene, charmante Grundhaltung" erkannt haben.

Selbst Wiener Dialekt-Wörterbücher wirken mit ihren knappen Definitionen ziemlich unbeholfen. Im 1929 erschienenen „Wörterbuch des Wienerischen" ist der Schmäh schlicht „Rede, Gefasel, Lüge". Andere Wörterbücher sprechen von „Gefasel, Geschwätz, Ausrede, List" einerseits. Und andererseits von „Witz, Gag, Pointe."

Der Wiener Schmäh ist viel mehr.

Er ist schwer festzuhalten, weil er rennt, schwebt, sich spontan aus den gegebenen Situationen speist und sich laufend verändern kann. Es gibt nichts, was er nicht auf die Schaufel nimmt; er hinterfragt ausnahmslos alles, auch den Mythos vom Wienerischen und damit sich selbst. Er ist bereit, auch diesen Mythos zu zerstören und hält ihn gerade damit hoch. Das macht ihn immun gegen Widersprüche. Er lebt von einer subtilen Art des Hinterfragens und Andeutens, von der er sich selbst nicht ausnimmt.

Der Wiener Schmäh produziert ernst zu nehmende Informationen. Seine Unterhaltsamkeit ist ein Treibstoff, der dabei hilft, praktische Sachverhalte zu klären. Er arbeitet mit schlagfertigem Wortwitz, mit wohldosierten Unverschämtheiten, mit doppelbödigen Andeutungen und er ironisiert auch Tabuthemen. Er thematisiert alles, nur was er eigentlich im Schilde führt, spricht er nicht aus: Er will entlocken, wer sein Gegenüber ist.

Ursprünglich wurde der Wiener Schmäh im Umgang mit fremden Zuwanderern in den Basar-Situationen der vormodernen Marktplätze Wiens eingesetzt, einer Stadt, die durch alle Jahrhunderte seit ihrer Gründung vom Zuströmen Fremder gekennzeichnet war. Der Wiener setzte den Schmäh als Methode ein, den Fremden zu erkunden, dessen Geheimnisse zu entlocken, dessen Identität einzuordnen und seine eigene Identität darzustellen. Der Schmäh ist eine spielerisch daherkommende, trickreiche Verhör- oder auch Verhandlungsmethode mit sicheren Rückzugsmöglichkeiten. Er hat etwas von einem hintergründig lauernden Vorstellungsgespräch, bei dem persönliche Profile ausgetauscht werden. Der Wiener will an das wahre Gesicht des Fremden heran und dabei nicht unbedingt sein eigenes wahres Gesicht zeigen.

Der Wiener Schmäh ist auch eine Technik der Unterjochten, untereinander verschlüsselte Kritik an der Obrigkeit zu üben.

Über eine sarkastische Höflichkeit, die das Gegenteil des Gesagten meint („Na, der Herr Regierungsrat hat in seinem Amt ja wirklich alle Hände voll zu tun"), animiert er seinen Gesprächspartner zu einer Antwort, aus der er dessen politische Einstellung liest.

In der Konfrontation mit der Willkür der Staatsbehörde des Kaiserreiches wurde der Schmäh zur Verhandlungstechnik von existenzieller Bedeutung, als es darum ging, herauszufinden, ob und zu welchem Preis man als Bürger vom Beamten etwas erkaufen konnte, ohne dabei etwas Verbotenes zu sagen. Die Käuflichkeit der Behörde war zwar fast flächendeckend, doch musste die Anbahnung und Durchführung nach österreichischer Tradition hinter barocker Theatralik ablaufen, damit dem Anschein nach keinerlei Bestimmungen verletzt wurden. Der dem Wiener Untertan gegenübersitzende Beamte war seinerseits ein geschulter Verschleierungs-Profi, der vom Staat im Fach der „doppelbödigen Rede" ausgebildet war. Der Staat selber hat seine Bürger professionell mit dem Schmäh genommen, um ihm den Einzug der Moderne vorzuenthalten. Der Wiener Schmäh als Verhandlungsmethode zwischen Untertan und allmächtigem Beamten verlief daher als hochklassiges Match des gegenseitigen Austricksens.

Wie Sabine Müller und Vrääth Öhner ausführen, ist der Schmäh eine Sprachintelligenz, die mittels Scherzkommunikation Informationen austauscht. Er ist etwas wie dialogisches Infotainment einer anderen Art, das nicht darauf angewiesen ist, dass die Beteiligten einander kennen oder gar miteinander vertraut sind. Ein Sprach-Kampf-Spiel, ein Wort-Pingpong, das sich an den Details der Situation entzündet und verbale Schlagfertigkeit sowie eine Gabe für witzige Formulierungen voraussetzt. Die „Witzigkeit" steht im Zusammenhang mit dem schwarzen Humor, „der auch Tabuthemen in den Bereich des Belachenswerten holt", so die Studien-Autoren. Ein Sprachduell unterhaltsamer Provokationen, oft vor Publikum, dessen Ziel es unter anderem ist, die Oberhand zu behalten, ähnlich der amerikanischen Rap-Kultur. Ein verbaler Schlagabtausch, eine provokante Annäherung, die Informationen übermittelt und herauslockt. Ein Akt des Ausverhandelns, bei dem gegenseitige Grenzen abgesteckt und Profile definiert werden. Es wird darüber verhandelt, was das Wirkliche im Gestrüpp des Möglichen ist: Es werden Identitäten ausverhandelt.

In der Arbeit von Müller und Öhner wird der Anthropologe Lawrence Rosen mit seiner Studie „Bargaining for Reality" (Die Wirklichkeit verhandeln) zitiert, der meint, dass Identitäten fragile Gebilde seien, weil sie als Mittel der „Signalisierung und Stilisierung kontextspezifisch eingesetzt" würden und so als „negotiable Entwürfe aus Verhandlungen hervorgehen". Verhandlungen, in denen nicht Regeln zählen, sondern Erfahrungen, Wissen und Interesse. Also Neugier. Das sei der „entscheidende Rahmen für das Ausverhandeln, das über kreatives Artikulieren Identitätsentwürfe" hervorbringe.

Für den Wiener ist die Wahrheit also Verhandlungsmasse.

Der Verlauf eines solchen listigen, von Menschenkenntnis und Instinkt getragenen Sprach-Pokers kann in zwei Richtungen gehen: Entweder man erreicht ein ausverhandeltes End-Ergebnis und damit beidseitige Zufriedenheit oder der Balance-Akt scheitert und kippt ins Feindselige. Die Aggression wendet sich dann entweder gegen den Schmäh-Partner oder gegen sich selbst. Die Studien-Autoren: „Der Prozess des rennenden, ausverhandelnden Schmähs kann Schritt für Schritt durchgespielt werden, wobei das konstruktive Potenzial zur Gänze entfaltet wird. Das schrittweise Ausverhandeln ... kann aber auch abgebrochen oder verkürzt werden, wodurch ... die prekären Facetten des Lachens und Verlachens zutage treten ...: Die unverarbeitete situative Herausforderung kann entweder in Aggression umgewandelt und in Form des ausgrenzenden Schmähs nach außen projiziert werden und auf eine dem Fremden gegenüber feindliche (oft schlicht fremdenfeindliche) Pointe zulaufen. Sie kann aber auch in einem Selbstvorwurf nach innen gewendet und in Passivität, Ziellosigkeit und Unterordnung übergehen. In eine Liebenswürdigkeit auf Basis der Aussichtslosigkeit. Beide Verkürzungen des ausverhandelnden Schmähs tragen somit zur Prägung von Verhaltensweisen bei, die entweder mit der sogenannten österreichischen Untertanen-Mentalität im Bunde stehen oder mit der Problematik ... tendenziell xenophober Feindbildkonstruktionen."

Ob der Wiener Schmäh im Grunde etwas Gutes oder etwas Böses will, hängt mit der ungeklärten Frage seines tatsächlichen Ursprunges zusammen, ob das Wort Schmäh jüdischer oder deutscher Herkunft ist. Die einen führen den „Schmäh" auf das jiddische „Schmuo" (Gerücht, Erzählung, Geschwätz) zurück. Andere ordnen Schmäh dem Wortfeld „Schmach-schmähen" zu und damit dem feindseligen Aspekt, sowie einem deutschen Ursprung.

Versuche, das Wesen des Wiener Schmähs zu erklären, führen zu höchst unterschiedlichen Ergebnissen. Die Frage, wie der als charmant und gastfreundlich geltende Wiener in einen derart besinnungslosen antisemitischen Blutrausch geraten konnte, lenkt den Blick auf eine Arbeit des Historikers Albert Lichtblau, der in seinem Buch „A Hetz muaß sein! Der Wiener und seine Fremden" dem aggressiven, xenophobischen Aspekt am Wiener Schmäh das Übergewicht gibt. Der Wiener Schmäh stehe in der Tradition des Volksvergnügens der Tierhetze, die bis ins späte 18. Jahrhundert verbreitet war. Darin zeige sich eine Mentalität „der kollektiven Lust an öffentlich inszenierten Sadismen", an der hierarchischen Unterscheidung von höher- und minderwertigem Leben und einer „libidinösen Besetzung des Minderbewerteten". Himmelblau verweist dabei auf das „Ashanti-Fieber", einen Menschen-Zoo im

Wiener Prater, wo zwischen dem späten 19. und dem Beginn des 20. Jahrhunderts zahlreiche unterschiedliche Gruppen „exotischer Menschen" und ihre Alltagskultur zur Schau gestellt wurden. Diese „fremdartigen menschlichen Kreaturen" im „Ashanti-Dorf" beim Musizieren, Kochen und Basteln zu beobachten, löste beim Wiener Publikum einen unerwarteten Sturm der Begeisterung aus, sodass die Medien von einem „Ashanti-Fieber" sprachen. Die Diskussion entpuppte sich als Auseinandersetzung über das Fremde und das Vertraute in der eigenen Gesellschaft. Die „Wilden", ihre Rassen und ihre Sexualität gerieten zur Projektionsfläche eigener Konflikte.

Im Ashanti-Fieber werde, so Lichtblau, die Beziehung des Wieners zu seinen Fremden sichtbar, wie auch das besondere Wesen des Wiener Humors: „Selbsthass, Ausgrenzung, Abgrenzung, Eigenliebe, Unsicherheit". Das seien die Inhalte, mit denen der Wiener intuitiv die Pointen seines Schmähs speise. Und weil die Wiener Bevölkerung in dieser Zeit zur Hälfte aus Zuwanderern bestanden habe und damit der Wiener selbst zu einem Fremden geworden sei, sei man in eine Spannung mit dem europäischen Zeitgeist geraten, der nach authentischen, homogenen Kollektiven rief. Im Wiener Schmäh habe die als Spannung empfundene Unsicherheit im Umgang mit dem Fremden eine Möglichkeit gefunden, diese Konflikte verbal auszuagieren. Der Schmäh sei ein „liebevoll-bösartiges Spiel mit Aggression", eine „Annäherung durch Provokation" und enthalte ein zweischneidiges Angebot auf Verbrüderung: Aufnahme in die Gemeinschaft unter der Voraussetzung von Unterwerfung und Assimilation. Ausdruck dieser Tendenz sei auch der Ruf nach einem „deutschen Wien", der mit dem Wiener Bürgermeister Karl Lueger, einem leidenschaftlichen Antisemiten mit Wiener Schmäh („Wer a Jud is, bestimm i"), einen ersten Höhepunkt gefunden habe. Zu einem endgültigen Abbruch des ausverhandelnden, sich annähernden Schmähs sei es schließlich im März 1938 gekommen: In den Gassen Wiens war es mit den straßenwaschenden Juden zu einer bizarren Reinkarnation des Ashanti-Dorfes gekommen, als das Wiener Publikum den Juden mit „größtem Vergnügen" von Gasse zu Gasse gefolgt ist. In diesen Tagen habe der „gute" Schmäh Wien endgültig verlassen, so Lichtblau.

Der Völkerkundler Roland Girtler ist einer der zahlreichen Vertreter einer vorzüglich positiven Sicht auf den Wiener Schmäh, den er mit einer besonderen Art von Freundlichkeit identifiziert. Etwa mit der Anrede „Gnädige Frau, Sie schauen heute aber entzückend aus" spiele der Wiener die Inszenierung und nehme sich selbst dabei nicht ganz ernst. Auch wenn die Angesprochene alles andere als entzückend aussehe, gehe ihr dennoch „die Sonne auf" und sie sei „betört vom Charme des Wieners", so Girtler. Dieser „kleine Schwindel" erleichtere den sozialen Austausch und beinhalte eine Einladung, an der Inszenierung von Identität mitzumachen. Der Wiener habe schließlich durch Jahrhunderte gelernt, mit Fremden umzugehen und „ihnen sein weites Herz zu öffnen". Girtler: „Falsch sind die Menschen überall, in Wien aber sind sie angenehm falsch. Und ohne Falschheit gibt es für den Wiener kein Seelenheil."

Das Angenehme an der Falschheit des Wieners hänge mit seiner „besonderen Fehlerfreundlichkeit" und seinem Hang zur Muße zusammen. Das seien Merkmale, die in katholischen Ländern Europas beim Übergang in die Moderne zu beobachten gewesen seien. Fehlerfreundlichkeit und Muße seien in den protestantischen Ländern nicht gerade als Tugend betrachtet worden.

Eine besonders ausgeprägte, staatliche Form des Wiener Schmähs als Verhandlungsmethode hat sich zwischen der Beamtenschaft der Monarchie und den Bürgern ergeben, als das Haus

Habsburg daran ging, den europaweiten Einzug der Moderne für sich zu instrumentalisieren und dem Bürger eine staatlich vorgekaute Form der „Erneuerung" zu servieren. Um dem Bürger den Anschein der Modernisierung zu vermitteln, in Wahrheit aber die traditionellen Macht-Verhältnisse aufrechtzuerhalten, wurde die Beamtenschaft einer akademischen Schulung in Sachen „doppelter Rede" unterzogen. Dem musste der Wiener nun seine Verhandlungsmethode Schmäh als Strategie entgegensetzen, um irgendwie sein Auskommen zu finden. Ansonsten nahm es der österreichische Untertan tatenlos hin, sogar die philosophische Aufklärung von oben vorgesetzt und erklärt zu bekommen, anstatt sie selbst zu erklären.

Ein Projekt der Moderne war, die bis dahin selbstverständliche Willkür der Stärkeren zu begrenzen und erstmals gesamtstaatlich gültige, bürokratische Strukturen zu schaffen, die dem Volk mehr Gleichheit, Recht und ein stärkeres Gefühl nationaler Zugehörigkeit bringen sollten. Ein Teil dieser Homogenisierung der Strukturen betraf auch die Amtssprache. Für die mündliche und schriftliche Sprache der Behörde lautete das Schlagwort „Rationalität": knappe, klare und übersichtliche Sprache. Das Kaiserhaus selbst wollte davon freilich nicht betroffen sein und bestand weiterhin darauf, mit „Höchst gerechtest" und ähnlichen Verbalpirouetten angesprochen zu werden. Und das ist schon der Punkt der Modernisierung der Marke Habsburg: Dem Volk wurde die ökonomische Moderne verordnet, während ihm die politische vorenthalten wurde. Die Verwaltungsorgane hatten zwischen der neuen, knappen Form und den alten Obrigkeitsschnörkeln zu balancieren und je nach Bedarf zwischen den beiden Sprachregistern zu wechseln. Damit war die „doppelte Rede" zur staatlichen Methode geworden.

Und sie wurde zu hoher Professionalität getrieben. Von der zweiten Hälfte des 18. Jahrhunderts bis weit in das 19. Jahrhundert waren Joseph von Sonnenfels' Werke „Über den Geschäftsstil. Die ersten Grundlinien für angehende österreichische Kanzleybeamten" und „Grundsätze der Polizey, Handlung und Finanz" zentrale Lehrbücher der Beamtenausbildung. Sonnenfels empfahl den angehenden Beamten, die kargen, reduzierten Formen zu gebrauchen und jegliches „Kanzleygepränge" zu unterlassen. Doch Kaiser Joseph II. ordnete an, den Hof davon auszunehmen und ihn weiterhin mit untertänig-theatralischen Sprach-Gewächsen zu verzieren. So geriet das zentrale Standardwerk für die Aufklärung der österreichischen Beamtenschaft zu einer fundierten Anleitung zur doppelten Rede. „Die behauptete neue Transparenz präsentierte sich nun noch undurchsichtiger und bedrohlicher als je zuvor", so Sabine Müller und Vrääth Öhner.

Schon damals kursierte über die ambivalente bürokratische Kultur in Österreich ein Witz, der die Zeiten überdauert hat: Ein galizischer Kaufmann beschwert sich über seine Schwierigkeiten mit der Verwaltung: Von den russischen Beamten wisse er, dass sie „nehmen", von den preußischen sei ihm bekannt, dass sie nicht nehmen, und von den Österreichern wisse man es nicht.

Das heißt, er musste es herausfinden. Und das, ohne den Beamten direkt darauf anzusprechen. Er musste herausfinden, ob und zu welchem Preis der Beamte bestechlich war und, wenn ja, einen Deal einfädeln, ohne seine kriminelle Absicht zu deklarieren, mit der er sich gefährden würde, wenn der Beamte nicht einsteigt. Ein hohes Maß an Fertigkeit in doppelbödiger Rede war gefragt.

Wollte der Kaufmann vermeiden, die Konversation mit einem irreversiblen Fehler zu beginnen, musste er zunächst herausfinden, wie der Beamte gelagert war. Diese Frage ließ sich weder im Amts-Ton noch in irgendeinem anderen, eindeutig agierenden Gesprächsmodus formulieren, ohne ihm direkt Korrumpierbarkeit zu unterstellen. Der Kaufmann musste sich verrenken. Eine Möglichkeit wäre, Chuzpe zu zeigen und ein vernünftiges Gespräch darüber zu beginnen, wie der Beamte zum Phänomen der Korruption allgemein steht. Dabei musste es ihm aber gelingen, seine eigenen Aussagen so unverbindlich zu gestalten, dass er beim leisesten Anzeichen einer negativen Reaktion des Beamten zurückziehen konnte, indem er sie ironisiert und damit neutralisiert. Er musste sich mit natürlicher Selbstverständlichkeit von einem ehrlichen Geschäftsmann in einen kriminellen und wieder zurück verwandeln können.

Für den Kaufmann konnte es extrem schwierig sein, die Signale des Beamten richtig zu deuten und eindeutige Informationen darüber zu erhalten, ob der nun einsteigen würde oder nicht. Selbst wenn der Beamte das eindeutige Signal sendete, nicht käuflich zu sein, hieß das bei einem in der Sonnenfelsschen Schule ausgebildeten Beamten noch lange nicht, dass er nicht käuflich war, sondern nur, dass er das signalisierte. Das konnte heißen, dass er ehrlich war und tatsächlich nichts annahm, oder auch, dass er besonders gern nahm und mit dem scheinbar ablehnenden Signal den Preis treiben wollte.

Der Bittsteller musste verstehen und akzeptieren, dass der Staat die scheinbare Modernisierung als Deckmantel für die Aufrechterhaltung der gewohnten Traditionen und Hierarchien benutzte. Er konnte sein Gegenüber nicht durch Provokation aus der Reserve locken wie den Fremden im Basar. Das wäre in dem Machtgefälle als Anmaßung gesehen worden. Der Bittsteller musste dem befugten Beamten signalisieren, diese Hierarchie nicht infrage zu stellen. Daher war er gezwungen, seine spielerische Sprech-Verhandlung auf die Basis der „traditionellen Unterwürfigkeit" zu stellen. Der Kaufmann musste sich also – Aufklärung hin oder her – am besten so benehmen, wie es vor der Aufklärung immer war: Er musste das alte, „karnevaleske Rollenspiel der vormodernen Unterschichten" geben und die „von unten nach oben gesprochene, mehrsinnig flexible Rede" einsetzen, so Müller und Öhner.

Auf den alten Marktplätzen wiederum war eine spielerische Verhandlungskultur des Feilschens zwischen zwei gleichberechtigten Partnern üblich. Dabei ging es um einen für beide Seiten akzeptablen Preis, wobei beide Seiten legitimerweise versuchten, ihren eigenen Vorteil zu maximieren. Die jeweiligen Angebote wurden so lange als bewegliche Position verstanden, bis ein Konsens erfolgte, also eine „Realität" ausverhandelt war. Da wurde Desinteresse signalisiert und gleichzeitig durch Versuchsangebote ausgelotet, zu welchen Bedingungen ein Tausch möglich sein sollte. Das waren Artikulationen, die Ernst und Spiel kombinierten.

Im Balance-Akt eines provokanten Sprachduells, das schon durch kleine Fehler kippen kann, ist das Scherzen ein stabilisierendes Element. Die Scherz-Ebene stellt Räume zur Verfügung, in die aus- und zurückgewichen werden kann, ohne die Verhandlung als misslungen abbrechen zu müssen. Das gibt es auch in ganz normalen Freundschaften, in denen rituelles gegenseitiges Frotzeln in heiklen Situationen obligatorisch ist. Das Scherzen wird dabei zu einem Verfahren, das die durch gegensätzliche Haltungen bedrohte Harmonie sichert, indem es die Gefahr eines ernsthaften Schlagabtausches abwendet. Entscheidend für den Erfolg dieser Strategie ist, dass der Grad an kommunizierter Ernsthaftigkeit offen gelassen wird: Die Kommunikation gewinnt an Doppelbödigkeit, die sich aus der Anspielungshaftigkeit und Mehrdeutigkeit des Humoristischen ergibt.

Der Wiener Schmäh ist eine Umgangsform des Wieners mit „Zuagrasten", also vorläufigen Nichtwienern. Damit ist er auf das Aufeinandertreffen verschiedener Ethnien und Kulturen zurückzuführen. Die zweite Wurzel des Wiener Schmähs steckt in den spezifisch österreichischen Besonderheiten des Modernisierungsprozesses der Aufklärung. Der Schmäh ist eine Reaktion auf Ohnmachtserfahrungen innerhalb der besonderen politischen Kultur Österreichs, bedingt durch über Jahrhunderte staatlich gezüchteter Untertanenmentalität.

Lachen, Ironie, Komik und Schmäh sind nach verbreitetem wissenschaftlichen Verständnis Phänomene, die auf ein Machtgefälle reagieren, das anders nicht bewältigt werden kann. Es ist ein „Verlachen der Mächtigen". Im Fall des Wiener Schmähs ein „Aufbegehren der Vorstadt gegen die Innenstadt".

Die Schulung der Beamtenschaft im Fach der doppelten Rede und das daraus folgende beamtische Gemisch aus schlichter, moderner Sprache und vormodernem „Kanzleygepränge" zum Zweck der „Verdunkelung und opportunistischer Anpassung an die Situation" hat sich jedenfalls zu einem historischen Bumerang entwickelt. Sabine Müller: „Dieses Sprechen der Obrigkeit war sehr parodieanfällig. Es hat Skepsis, Ironie und Sprachkritik gefördert … Der Sprachmanipulation von oben stellte sich nun eine entlarvende Sprachkritik von unten gegenüber, die zu einer Konstante der österreichischen Literatur- und Kulturgeschichte werden sollte." Die Wiener haben nie aufgehört, ihre Beamtenschaft auf hohem Niveau lächerlich zu machen.

16 | Erziehungsprinzip Untertan
Wie lähmend kann Barock sein?

Andere Völker, andere Sitten: Viele Völker haben vorgelebt, welch erwiesenermaßen befreiende, emanzipatorische Wirkung ein vom Volk geköpfter Fürst auf ihre nachfolgende Geschichte haben kann. Aus heutiger Sicht mag es seltsam klingen, die nicht erfolgte öffentliche Hinrichtung eines verantwortlichen Monarchen als historisches Versäumnis zu sehen, doch ein bisschen Schmäh zu führen ist zu wenig, wenn es um die Herbeiführung von Freiheit aus eigener Kraft geht. Sich hinter vorgehaltener Hand mit Sarkasmen zu trösten, mit kleinen verbalen Sticheleien in Richtung Obrigkeit, die sprachlich so verschlüsselt sind, dass die Gemeinten nur ja nichts verstehen – das mag liebenswürdig sein, aber wenig befreiend.

Über Jahrhunderte andauernde, systematische Dressur durch das Habsburger-Regime hatte die Österreicher gefügiger gemacht als alle anderen Europäer. Sie haben nie aufgehört, jedem selbstherrlichen Uniformierten auf dem Gehsteig mit gezogenem Hut auszuweichen und sich stillschweigend jeder Schikane zu fügen. Selbst die Willkür des kleinsten Provinzbeamten galt als Ausdruck der Allmächtigkeit des Staates, dem man dankbar zulächelte, was immer er getan hat. Selbst als um 1848 halb Europa von Revolutionen überrollt wurde, war es für die Machthaber hierzulande keine große Anstrengung, die wütend gewordenen Wiener wieder in die Rolle gefügiger Untertanen zurückzukanonieren.

Die Habsburger hatten gemeinsam mit der Kirche ganze Arbeit geleistet: Selbst später in der „Demokratie" sind die Österreicher Untertanen geblieben. Helmut Qualtingers Hausmeister aus dem Monolog „Der Alleinherrscher" benötigt dafür nur einen Satz: „Das ist meine Auffassung von Demokratie: Pappen halten und grinsen."

Der Salzburger Historiker Ernst Hanisch hat 1984 die zumindest bis dahin mangelhaft entwickelte demokratische Kultur Österreichs analysiert. Er bezieht sich unter anderem auf eine Studie, aus der hervorgeht, dass in Österreich im Vergleich mit Deutschland, der Schweiz, den Niederlanden, den USA und Großbritannien nach wie vor die deutlichsten Züge von Untertanenkultur zu erkennen seien. Nirgendwo ist demnach das Vertrauen in die politische Elite so groß, und gleichzeitig der Glaube an die eigene Fähigkeit, etwas zu ändern, so klein wie in Österreich.

Dass die Volks-Entmündigung in Österreich so viel nachhaltiger als anderswo ausfallen musste, führt Ernst Hanisch auf den Staatsbildungsprozess der Habsburger im 17. Jahrhundert zurück. Die Habsburger waren bei dem Vorhaben mit zwei großen Gegnern konfrontiert: dem osmanischen Heer einerseits und der protestantischen Bewegung andererseits, die eine „Reformation" der katholischen Kirche anstrebte. Die Habsburger schmiedeten also eine strategische Koalition mit der katholischen Kirche und damit ein weltlich-geistliches Macht-Paket, gegen das kein Kraut gewachsen war. Mit der Zusammenschaltung der Apparate von Staat und Kirche konnte man die protestantischen Kirchen-Erneuerer aus zwei Richtungen gleichzeitig verfolgen und die Gegenreformation kompromissloser durchpeitschen als überall anders in Europa. Gleichzeitig verabreichte man dem Volk ein politisches Schlafmittel: den Barock. Der Barock, der bis heute als Synonym für die österreichische Kultur gilt, wurde, wie Hanisch ausführt, „als Kompensationsprojekt für die Einbußen politischer und persönlicher Freiheiten eingesetzt". Mit großem Erfolg: Die Ästhetik des Barock habe narkotisierende Wirkung entfaltet, gerade weil sie dieselbe Struktur aufwies wie das politische System: scharf durchhierarchisiert und gleichzeitig theatralisch, zeremoniell verspielt. Dieses Zusammenspiel zwischen Kultur und Politik, zwischen barocker und absolutistischer Repräsentation habe, neben wirtschaftlichen Gründen, die Herausbildung eines nennenswerten liberalen Bürgertums verhindert und damit die Entstehung einer bürgerlichen, kritischen Öffentlichkeit, so Ernst Hanisch.

Anstelle eines kritischen Bürgertums habe sich als dritte Kraft zwischen Herrn und Untertan eine Beamtenklasse geschoben, die nicht dem Bürger diente, sondern im Gegenteil aus ihm einen „einheitlichen Untertanen-Verband" schuf und verwaltete. Die Historikerin Eva Kreisky meint, die „bürokratische Unkultur und die Untertanen-Mentalität" hätten sich über Jahrhunderte aufeinander eingespielt und seien zusammengewachsen. Die Einführung einheitlicher bürokratischer Strukturen hätte der Willkür der Herrschenden Grenzen setzen können. Das sei freilich nicht passiert: Die öffentliche Verwaltung sei eine Geheimkultur geblieben. Das österreichische Amtsgeheimnis schütze nicht den Bürger, sondern habe eine „patriarchal-nepotistische und lobbyistische Beziehungs-, Interventions- und Bestechungskultur" geschaffen und ein „antidemokratisches Erbe, das Österreich bis heute prägt". Eva Kreisky hat das 1984 geschrieben.

Auf den Barock von oben antworteten die Wiener mit dem „Barock von unten" (Vrääth Öhner): dem verschnörkelten Wortspiel des Wiener Schmähs, dem sarkastischen, harmlosen verbalen Ersatz für echtes Aufbegehren.

17 | Unter Bewussten sein
Die Wiener Seele auf der Couch

Er ist Psychoanalytiker, praktiziert und lehrt in mehreren Ländern, hat sich als psychoanalytischer Kulturkritiker einen Namen gemacht und er kennt Wien und die Wiener: Felix de Mendelssohn im Gespräch über die kollektive sexuelle Störung der echten Wiener.

Was diagnostiziert man an einem Menschen, dessen Witze von dunklem Ernst umhüllt sind, der seine Opferschaft als Poesie zelebriert, seine Sarkasmen lächelt, den Tod umgarnt und besingt, der feierlich depressiv sein eigenes prunkvolles Begräbnis herbeisehnt, nur um seinen Widersachern eines auszuwischen?

„Ich würde sagen, das ist Hysterie", sagt de Mendelssohn, „obwohl der Begriff inzwischen sehr aus der Mode ist. Eine Mischung von Adoleszenten, die oft die Fantasie entwickeln, dass meine Eltern mich nicht verstehen. Sie schimpfen ständig, sind unzufrieden mit mir. Aber wenn ich einmal tot bin, dann wird es ihnen leidtun. Das sind Fantasien, die immer wieder kommen. Sie sind eine Mischung aus selbstzerstörerischen Mustern und Größenfantasien. Dann, wenn ich tot bin, werden sie endlich wissen, was sie an mir hatten. Die sollen das Gefühl bekommen, dass sie einen zu Lebzeiten nicht so geehrt haben. Es ist auch Rache an der Nachwelt dafür, einem zu wenig an Beachtung gegeben zu haben."

Die dem Wiener nachgesagte Todessehnsucht sei nur die Sehnsucht nach einem pompösen Begräbnis und diese beinhalte keineswegs den Wunsch, tot zu sein, sondern den, gefeiert zu werden: „Das ist das Hysterische. Diese Adoleszenten sind gar nicht so suizidal. Und auch diese Weinerlichen sind in ihrer Fantasie nach dem Tod noch ganz lebendig und lachen sich ins Fäustchen. Es hat eigentlich nichts mit dem Totsein zu tun, sondern mit dem Gefühl, nicht richtig erkannt worden zu sein."

Der eine Wiener lasse die anderen Wiener nicht hochkommen. Verkennung sei keine besondere Sanktion, sondern Normalzustand. Das sei nicht nur bloßer Neid, sondern eine ausgeprägte Kultur des Neides. Und diese sei in Wien deutlich stärker als anderswo. „Überall in Wien begegnet man der Einsicht, dass man in dieser Stadt nicht erfolgreich sein kann. Und wenn doch, dann trifft einen umgehend die Rache des Wieners. Man sagt, in Wien kann man nicht hochkommen, höchstens als großer Fisch in einem kleinen Teich, sodass die Künstler Österreich verlassen müssen, wenn sie etwas werden wollen. Viele, die hier erfolgreich geworden sind, erzählen mir, wie schwierig das Leben dann für sie geworden ist. Es gibt einen Grund, erst gleich gar nicht erfolgreich zu werden, weil man weiß, dass dann die Neider kommen und einen um einen Kopf kürzer machen."

Im Russischen gebe es zwei Begriffe für Neid: „Den weißen und den schwarzen. Weißer Neid ist, wenn Sie mit Ihrem kleinen Wagen nicht mehr zufrieden sind, weil Sie sehen, dass Ihr Nachbar einen großen Wagen hat und Sie jetzt auch einen großen wollen. Man kann diesen weißen Neid als Motor des Kapitalismus bezeichnen. Der schwarze Neid aber ist etwas sehr Destruktives: Da sagen Sie, mein Nachbar hat einen BMW und ich nur einen Volkswagen. Jetzt sprenge ich seinen BMW in die Luft."

Ganz am Anfang stehe etwas wie Brust-Neid: „Die Mutter hat die Brust mit, geht spazieren und kann sie mir jederzeit entziehen. Jetzt stellt sich die Frage, will ich selber so eine – fantasierte – Brust in mir haben, an der ich mich immer stärken kann, oder will ich die Brust der Mutter zerstören? Es herrscht ein Kampf zwischen weißem und schwarzem Neid."

Diesem schwarzen Neid begegne man in Österreich überall. Hierzulande wüssten Kollegen auch nach Jahrzehnten in derselben Firma nicht, wie viel der jeweils andere verdiene: „Und da fantasieren sie: Ich darf nicht bekannt geben, was ich verdiene, sonst ist der andere neidisch. Aber der andere gibt es auch nicht bekannt. Da ist eine ständige Spannung: Will ich es wissen oder will ich es nicht wissen? Der schwarze Neid, der alles schlechtredet und miesmacht, ist hier in Wien viel stärker."

Die bedrängte Wiener Seele zeige Symptome wie ausgeprägten „schwarzen Neid", extreme Neugier und trickreiche Verdrängung. Alles seien Folgen einer geradezu kollektiven psychischen Störung, hervorgerufen von einer Kette schwerer Traumen aus der politischen Geschichte des Landes einerseits und der Erziehung innerhalb der Familie andererseits. Selbst die widersprüchlichsten Wiener Eigenheiten, wie Charme und Antisemitismus, passen in diesen Rahmen.

De Mendelssohn vermutet den Ursprung dieser Eigenschaften in einer frühen, depressionsfördernden Mutter-Kind-Beziehung: „Wenn das Kind etwas macht, was es nicht hätte tun sollen, sagt die Mutter nicht, wie das Kind es richtig machen soll, sondern die Mutter beginnt zu weinen und sagt, wenn du das machst, ist die Mama traurig. Dabei bekommt das Kind das Gefühl, als ganzer Mensch schlecht zu sein und nicht nur etwas falsch gemacht zu haben, was man beim nächsten Mal wieder gutmachen kann. Aber wenn ich ein schlechter Mensch bin und die Mama zum Heulen bringe, muss in mir etwas ganz mies sein."

De Mendelssohn wundert sich kein bisschen darüber, dass Wien zu einer Hauptstadt für Geheimagenten geworden ist. Was Geheimdienstler professionell betreiben, gedeiht in der Wiener Volkskultur seit Langem von selbst: die Geheimhaltung eigener

Verhältnisse, das Herauslocken der Geheimnisse des anderen mittels einer triebhaften Neugier und das scheibchenweise „Weiterverkaufen" dieser Informationen gegen gesellschaftlichen Profit.

De Mendelssohn: „Ich habe wenig Zweifel, dass Wien ein Ur-Ort der Geheimnisträgerei ist". Das mache die Psychoanalyse und Sigmund Freud sehr deutlich: „Schauen Sie, vor dem Ersten Weltkrieg drehte sich in Wien alles um die sexuellen Geheimnisse. Wer hat ein Verhältnis mit wem, was wird geheim gehalten? Sowohl bei Freud wie auch in der Literatur geht es immer um geheimsexuelle Verhältnisse oder sexuelle Fantasien dieser Art."

Eng damit verbunden sei die traditionelle Wiener Liebe zum Tratsch, die hier ungleich ausgeprägter sei als überall anders: „Wien ist eine sehr weibliche Stadt. Die Oma erzählt der Mutter die Geheimnisse auf der Kohlenkiste in der Küche, die wieder der Tochter und so weiter. Auch die führenden Männer hier haben etwas stark Weibliches, mit diesen Tratsch-Geheimnissen umzugehen. Tratsch ist das Ausplaudern von Geheimnissen. Und das ist einfach die Lieblingsbeschäftigung in dieser Stadt. Je mehr Tratsch ich habe, desto mehr Salons heißen mich willkommen. Es ist auch ein Werben, man sammelt den Tratsch, und je besser er ist, desto mehr Kreise kenne ich."

In der Psychoanalyse gehe es um nichts anderes: „Das Ziel der Analyse ist, die Geheimnisse des Patienten zu erraten und umgekehrt der Patient die Geheimnisse des Therapeuten. Man muss dabei zwischen Geheimnissen und Privatsachen trennen. Man darf sich nicht ins Privatleben des Patienten einmischen. Der Analytiker fragt sich: Wie kann ich erraten, was die Geheimnisse des Patienten sind? Nicht: Was treibt der so privat? Das wäre auch ein gutes Modell für eine Beziehung. Ich bin kein großer Fan der Idee, dass man in einer echten Liebesbeziehung dem andern einfach alles immer erzählen muss."

Dass Menschen sich unterhalten und Neuigkeiten austauschen, ist auf der ganzen Welt üblich und normal. Doch der Tratsch in Wien habe eine ungleich tiefere gesellschaftliche Bedeutung. Hier sei er etwas wie ein Zahlungsmittel: „In Berlin gibt es geheime Dinge, die dann aufgeklärt werden. Zum Beispiel kooperieren Polizei und Neonazis. Dann kommt Aufklärung und Empörung. Hier in Wien gibt es das nicht. Hier kommt es ein bisschen, dann geht es wieder. In Wien hegt man diese Halbwahrheiten und den Halbtratsch, weil es eine Währung ist, mit der man reich werden kann. Umso reicher, je mehr ich zeigen kann, dass ich etwas über andere Leute weiß, dass ich etwas sagen kann und wahrscheinlich noch mehr weiß, und ob ich dem Fredi mehr erzähle als dem Rudi. Das ist eine Währung auch für Beziehungen, weil es eine Rolle spielt, wie weit ich in den Tratsch eingebunden bin. Der Tratsch lebt davon, semioffiziell zu sein."

Das seien Muster, die man nicht nur ethnologisch erklären könne. Da lohne auch ein Blick in die Primatologie: „Bonobos leben in einer matriarchalischen Kultur, wo viel über Frauen beim gegenseitigen Lausen ausgetauscht wird. Nicht unähnlich läuft es im Wiener Kaffeehaus, wo Hofratswitwen alles über Politik wissen. Das ist ein sehr weiblicher Zug dieser Stadt."

Im krassen Gegensatz dazu stehe eine Ikone dieser Stadt, „das Bild des süßen Wiener Mädels. Es ist ganz unschuldig und wird von den gesellschaftlichen Verhältnissen korrumpiert. Es steht für eine Idee der absurden Unschuld, die niemand wirklich glauben kann, weil alle durch und durch dekadent sind darin, etwas geheim zu halten und etwas zu nehmen. Die Idee einer preußischen Moral oder einer englischen Anständigkeit ist hier nicht so stark. Hier geht es eher um die Frage: Wie komme ich durchs Leben?"

Das beginne mit einer sexuellen Irritation des Kleinkindes: „Mit drei, vier Jahren beginnt die sexuelle Aufklärung mit den ersten philosophischen Fragen. Wieso bin ich auf der Welt, wie bin ich entstanden, es muss wohl etwas Sexuelles mit diesen zwei großen Wesen gewesen sein. Dann lauschen sie an der Tür des Schlafzimmers oder haben Vorstellungen, was die Eltern da eigentlich im Schlafzimmer miteinander machen. Was haben die da Privates, wo ich nicht dazukommen kann? Und warum tut es mir nicht gut, wenn ich doch dazukomme? Die meisten Kleinkinder glauben, dass da etwas Aggressives passiert, dass die Eltern miteinander streiten, miteinander kämpfen und dabei Geräusche machen. Wenn Kinder aber richtig informiert werden, wenn sie richtig mit der Sexualität in Kontakt kommen, geht es uns besser." Doch gewisse Dinge seien unergründlich: „Wir erfahren eigentlich nicht alles voneinander, sodass wir einiges erraten oder uns aus Indizien ein Bild machen müssen. Das ist eine ausgeprägte Wiener Eigenschaft, eine psychologische Fähigkeit."

Sigmund Freud hat die Meinung vertreten, dass es eigentlich nichts Normales gibt. Jetzt könnte man denken, diese Einschätzung sei dem Umstand geschuldet, dass der große Seelendoktor vielleicht nur Wiener gekannt hat. Doch Freud meinte, dass sich alle Menschen auf einem Spektrum zwischen Normalität und Pathologie befänden und die Übergänge fließend seien. De Mendelssohn sagt, dass beim Wiener besonders schwer auszumachen sei, wo in diesem Spektrum er sich befindet, weil hier die Leute „auch auf höchsten Ebenen etwas zu verbergen haben".

Der Begriff der Aufklärung sei hier deshalb überaus wichtig, weil alle Arten der Aufklärung miteinander zu tun hätten: die philosophische, die militärische (Spionage) und die sexuelle. Freud habe bewusst gemacht, was sexuelle Geheimnisse sind. De Mendelssohn: „Ich denke, das Geheimnis ist immer etwas Sexuelles. Die Wurzel davon ist, dass man sexuell etwas zu verbergen hat. Das sexuelle Problem ist, dass das Ideal der Monogamie schwer zu erreichen ist, besonders für Männer. Und man lernt, das irgendwie vor dem Partner geheim zu halten, aber immer auch vor sich selbst."

Viele Menschen fürchteten die Psychoanalyse aus Angst, vom Therapeuten durchschaut zu werden: „Sie denken, der hat einen Röntgenblick und entdeckt meine Geheimnisse. Was Blödsinn ist. Jeder Mensch hat Orte in sich, an denen er etwas geheim halten will, so, dass es eigentlich geheim vor ihm selbst ist. Als würde er sagen, da ist etwas Mysteriöses in mir, das mich ausmacht, und das hüte ich für mich. Darin ist der Wiener besonders stark. Ich glaube, dass Wien Ende des 19., Anfang des 20. Jahrhunderts an der Vorderfront dieser sexuellen, progressiven, aufklärerischen Ideen war und gleichzeitig eine sehr konservative Stadt. Da war eine Mischung aus Impulsen, alles Mögliche zu verdrängen, alles unter den Teppich zu kehren. Niemand sollte etwas wissen und gleichzeitig war da ein brennendes Interesse daran, ein Gleichgewicht zu finden zwischen gar nichts wissen zu wollen, weil es sich so leichter leben lässt, und gleichzeitig totale Neugier. Dazu passt dieser Wiener Schmäh sehr gut. Dieses Prüfen des anderen, wo seine Schwächen sind. Verrät er sich nun? Habe ich ihn gelegt, sodass er sich mit seinem wahren Gesicht zeigen muss?"

Am wichtigsten seien die Geheimnisse, die man selber nicht kennt, weil man sie vor sich selber verbirgt, sagt de Mendelssohn. Geheimnisse, die man sich nicht eingestehen kann und daher unfähig ist, sie vor anderen einzugestehen: „Der Wiener hat diesbezüglich eine sehr psychologische Ader, sonst wäre das alles hier nicht entstanden. Er spürt, dass da etwas ist, das er sich nicht ganz eingesteht, und er arbeitet ständig daran. Aber nicht, um alles auf den Tisch zu bekommen und aufzuklären, das wäre preußisch oder angelsächsisch." Der Wiener mache das, um wieder seinen typischen Handel zu treiben: „Um Grenzen auszutasten: Wenn ich dir etwas lasse, dann darf ich auch."

Dass sich Personen in Wien besonders wohl fühlen, die etwas zu verbergen haben, sei natürlich: „Auch Odessa ist dafür ein gutes Beispiel. Da gibt es eine Gaunersprache, viel Kriminalität. Man hat sich immer wieder nach neuen Herrschaften richten müssen und man hat nie genau gewusst, nach welcher. Da entsteht diese Kultur, dass jeder ein Stück akzeptiert, dass der andere etwas zu verbergen hat. Man versucht es ein bisschen herauszufinden, aber nicht zu viel, man lässt es dann doch lieber liegen, weil es immer wieder politische Konsequenzen gehabt hat. Das trifft auf Wien zu. Es geht darum, sich immer nach den herrschenden Verhältnissen zu richten."

Unklare Identität und daraus folgende Orientierungslosigkeit spielten eine wesentliche Rolle: „In Amerika gibt es einen American Way of Life. Was das ist, ist ganz klar und alle wollen das. In Wien war das nie so klar. Ein Vielvölkerstaat, viele Sprachen, nie wusste man, was kommt da Unvorhersehbares, wer behält die Oberhand? Welche Fraktion hat mehr zu sagen, sind es die Deutsch-Nationalen oder sind es die slawischen Freiheitskämpfer? Hier gab es kein klares Integrationsziel. Wien ist Hauptstadt eines Weltreiches, aber da ist kein Weltreich. Da sind riesige Prunkbauten, die an die Vergangenheit erinnern, aber in eine Umgebung transplantiert, die nicht dazu passt. Das heißt, es gibt auch kein klares Leitbild, wohin man will. In Deutschland ist das auch ein Problem, aber da war früher zumindest klar, was man wollte: Deutschland, Deutschland über alles. Da hat man halt einige Schrammen abbekommen. Aber in Wien war es nie so wie in Amerika, in Frankreich oder in Russland, wo es eine Art von Patriotismus gibt, dass man sich mit einer Sprache und einer Kultur identifiziert. In Wien hat man davon gelebt, sich von Deutschland und Preußen abzusetzen und zu sagen, wir sind durchlässiger, fließender, wir integrieren die verschiedensten Völker."

Die österreichische Seele könne und wolle sich nicht auf eine primitive Form festlegen, was auch eine Stärke sei: „Deshalb bin ich auch ganz gern hier. Und nicht nur wegen dem guten Geschäft für Therapeuten, weil die Neurose hier geboren wurde." Die Frage sei immer auch, ob in Wien die äußere Welt eine Folge der inneren ist, oder die innere Welt eine Auswirkung der äußeren: „Gibt es hier eine Bewegung von innen nach außen, gibt es eine seelische Struktur des seelischen Menschen, nach der sich seine sozialen und politischen Verhältnisse richten, oder ist es umgekehrt, weil die politischen Geschehnisse zu diesen inneren Neurosen führen?"

Wenn Doppelbödigkeit mit einem echten Lächeln daherkommt, wird aus Falschheit Charme. Wer nicht mitlächelt, entzaubert das Spiel und übrig bleibt Verlogenheit. De Mendelssohn sagt, die Wiener Verlogenheit tarne sich erfolgreich als Charme: „Da gibt es verschiedene Gesellschaftsschichten: eine sehr primitive, die nicht einmal weiß, dass sie verlogen ist, bis hinauf zu einer sehr sofisticated Schicht, die damit verhandeln kann und gerade diese Verlogenheit zu einer hohen Kunst gemacht hat. Gar nicht als moralische Kategorie, weil es auch viel mit guten Manieren zu tun hat. Aber da ist eine dumpfere Schicht, die sich in Ausbrüchen von Ausländerfeindlichkeit äußert und in groben Beschimpfungen. Da bricht der Urschlamm heraus. Trotz der Vielvölkerei durch Franz Joseph I. gab es hier auch massivste Ausländerfeindlichkeit."

Wien sei die strukturelle Hauptstadt des Antisemitismus: „Der ist hier groß geworden. Mit seinen katholischen Wurzeln und dem christlich-sozialen Lager. Man muss da weit zurückgehen bis zum Anderl von Rinn in Tirol. Aber man muss nach Wien kommen, um diese Atmosphäre kennenzulernen. Da kann man den Finger drauftun."

Sigmund Freud sei schon dafür gestanden, dass es den Juden nicht nur um Geschäft und Geld gehe, sondern auch um einen

Fortschritt der Intellektualität, sodass die Juden auch für geistige Aufklärung standen: „Freud kommt auf Geheimnisse drauf, wo wir uns selber noch nicht auskennen. Während wir uns ins Fäustchen lügen, ist er bereits zwei Schritte weiter und hat das schon besser aufgedeckt."

Eine Triebfeder für die Entwicklung, die der Antisemitismus in Wien genommen hat, sei schlicht der schwarze Wiener Neid: „Im Vielvölkerstaat ist das schwierig, man vermischt sich mit vielem, hat aber kein Leitbild. Daher beschwört man irgendetwas, auf das sich Migranten zu beziehen haben. Man hat viel herumgestritten, wie man sein sollte, ist aber nur auf Schwammiges gekommen. Und da gibt es nun ein Volk, das besonders viele Gesetze hat, da gibt es eine Thora, viele Gebote und Verbote. Die scheinen eine abgeschlossene Gesellschaft erreicht zu haben, die hier nie erreichbar sein wird. Deshalb geht's gerade gegen die. Es ist auch hier wieder der Neid, der sich oft als Verachtung zeigt. Sie, die Juden, haben alle etwas, was wir nicht haben: familiären Zusammenhalt, Verständnis, Traditionen. Während bei uns ständig alles im Fluss ist. Die wissen viel, verraten auch viel und haben soziale Strukturen, die wir auch gerne hätten. Ja, und sie haben Geheimnisse, eine fremde Sprache, die wir nicht verstehen. Sie machen seltsame Rituale, tragen merkwürdige Gewänder. Das verstehen wir alles so schwer."

Ein Wien-Image mit seiner typischen Ambivalenz werde am Beispiel des eingangs des Buches geschilderten Agenten-Austausches zwischen Amerikanern und Russen am Wiener Flughafen sichtbar: Zum einen mache das aus Wien etwas Wichtiges, weil hier bedeutende politische Dinge passieren können und alle Welt nach Wien blicke. Aber sofort komme einem auch der Gedanke, dass Wien in Wahrheit so unwichtig sei, dass niemand wisse, wer hier eigentlich Bundeskanzler ist: „Ich meinte, die Idee der erotischen Geheimnisse der sexuellen Aufklärung sei Ende des 19. Jahrhunderts entstanden. Doch das ganz große Trauma ist, dass man hier den Zweiten Weltkrieg nie richtig verarbeiten konnte, weil man den Ersten Weltkrieg nie verarbeitet hat. Es war ein massives Ereignis, das Reich zu verlieren und derart zu schrumpfen. Auch die Geschichte der Ersten Republik, wo so viel innere Kreativität war, und das Land dennoch zur völligen Bedeutungslosigkeit abgesunken ist. Innerhalb weniger Jahre von einer Weltmacht zur Provinz. Nach dem Zweiten Weltkrieg kam die Neutralität und die hat es ein bisschen leichter gemacht. Sie passt sehr gut zum österreichischen Charakter. Die Grundidee der österreichischen Neutralität ist eine andere als in der Schweiz, wo, um es etwas gemein zu sagen, man sich abgrenzt, um auf dem Geld sitzen bleiben zu können. Aber hier in Wien gibt es eigentlich nichts, hier muss man sich bereichern, hier ist die Frage: Wo kriege ich etwas ab, wo ist eine Provision? Das sitzt sehr tief drinnen." Innere Neutralität zum eigenen Zweck.

Bruno Kreiskys Triumph und Verhängnis sei es gewesen, dass er die Wiener Art mit dem Jüdischen so gut zu verbinden wusste: „Kreisky war kein echter Österreicher, aber ein echter Wiener. Die Wiener haben ihm übel genommen, dass er zu jüdisch war, die Juden, dass er zu wienerisch war. Er konnte es beiden Seiten nicht recht machen, weil er sie so souverän zusammengebracht hat."

Die Neugier des Wieners sei auch dessen Schicksal. Er wisse mehr, als ihm guttue, und mehr, als ihm selbst recht sei: „Die Wiener Mentalität beruht auf einer schizophrenen Abspaltung von Dingen, die wir wissen, aber nicht wissen wollen. Wir sind verlogen, tun aber so, als wären wir es nicht. Wir alle leben am besten miteinander, wenn wir nicht alles allzu genau wissen. Aber wir sind wahnsinnig vor Neugier."

18 | Traumstadt Wien
Der Mythos vom Wienerischen zwischen Schein und Sein

Beschwörende Kaufrufe von Wanderhändlern nähern und entfernen sich ziellos, auf den Marktplätzen döst die Vertrautheit alter Bauernhöfe, kommentiert nur vom gelangweilten Gackern der Hühner. Es duftet nach Kindheit, Holzfeuer und Pferdeurin. Nur das eiserne Dröhnen der Kirchenglocke erinnert daran, dass Zeit vergeht. Harmonie, wohin einen die engen Gassen auch bringen. Nur im Gewieher der Fuhrwerksgäule liegt ein bisschen Protest.

Das entzückend hübsche Wäschermädel, der nie um einen Witz verlegene Handelsjud, die an der Ecke scherzenden Lemoni-Verkäufer, Fiakerfahrer und Aschenmänner; die resche Frau Sopherl, die entspannte Lavendelfrau, der g'schupfte Ferdl, die glücklichen Glasscherbensammlerinnen und frechen Schusterbuben; die Pomeranzenhändler, Zigeuner, Zwiebelkroaten, Leinwand-Slawaken, Scherenschleifer und Hausmeister: Sie alle fügen sich zum Chor einer seligen Stadt, in deren dörfliche Harmlosigkeit man gern zurückkehren möchte. Zurück in den alten Reichtum des guten Wenigen, in die gemeinsame Ordnung von Langsamkeit und Identität. So will das die Wehmut der zu schnell Gewordenen, das Heimweh der zu viel gewollt und so viel falsch gemacht Habenden, der Entwurzelten und Bestraften. So sagt es das Herz.

Das Hirn behauptet anderes. Es ist nicht die Erinnerung an Reales, die hier Sehnsüchte erzeugt. Es ist eine Sehnsucht nach

Versöhnlichkeit und Ruhe, die Erinnerungen an Irreales erzeugt. Denn das Wien der typischen Figuren, das Wien der Aushängeschilder seiner idyllischen Volkskultur, hat es nie gegeben. Diese Identität gebenden Typen wurden erst populär gemacht, als sie aus dem Straßenbild längst verschwunden waren. Als Rückversicherung auf eine gute, alte Zeit, die nie existiert hat, wurden sie hervorgeholt und schön gemacht. So schön, dass ihre soziale Wirklichkeit verschwunden war. Wie sollte man sich sonst danach sehnen: Oben die Maßlosigkeit des Hofes und seiner edlen, beschränkten Gesellschaft. Unten Rechtlosigkeit, Ausbeutung, Epidemien, Kindersterblichkeit, Hunger.

Das mit einer absurden Unschuld verzierte Wäschermädel leistete Kinderarbeit und weiß Gott was sonst noch für Dienste. Der liebenswürdig freche Schusterbub rackerte wie ein Großer und wehe, er wurde wirklich frech. Der lustige Ziegel-Böhm war Fabrik-Sklave, für den erst Feierabend war, wenn ihm aus Mangelernährung schwarz vor den Augen wurde.

Das, was man „das Wienerische" nennt, die Postkarten-Idylle der „Wiener Typen", ist keine Erinnerung an das Typische der eigenen Vergangenheit. Das „Wienerische" ist eine Sehnsucht nach all dem, was an seiner glorifizierten Darstellung falsch ist. Es ist ein Heimweh nach nie Dagewesenem. Das Wienerische ist ein Mythos.

Beim Umgang mit diesem Mythos hilft der Wiener Schmäh. Er hilft, weil er therapeutische Kräfte birgt, wie selbst Sigmund Freud sagt. Wenn der Wiener Schmäh den Mythos vom Wienerischen thematisiert, dann stellt er ihn ironisch als echt dar – und entlarvt ihn so als gefälscht. Er gibt humoristisch vor, sich zum Wienerischen zu bekennen, und zeichnet das Wienerische als liebens- und erstrebenswertes Bild. Die hinter der Darstellung transportierte, tatsächliche Botschaft aber besagt das Gegenteil. So ist der Schmäh Bestandteil und Gegner des Mythos zugleich.

Damit entzaubert der Wiener Schmäh den Mythos vom Wienerischen aber nicht. Im Gegenteil: Durch sein Hinterfragen hält er ihn erst hoch. Das Ideal vom Wienerischen wird so zur Illusion. Der Schmäh führende Wiener tut so, als glaubte er an das Wienerische, weil er Freude an der in Schwebe gehaltenen Illusion hat.

Kant war der Meinung, dass manche Illusionen durch das Wissen um ihre Irrealität nicht verschwinden, sondern im Gegenteil erst dadurch funktionieren, dass sie, sozusagen wider besseres Wissen, bewusst als Illusion hochgehalten werden. Das würde auf die Illusion vom Wienerischen passen, wie Sabine Müller und Vrääth Öhner in ihrer Studie über den Wiener Schmäh festhalten: „Das Wienerische, dem der Schmäh Ausdruck verleiht, indem er es infrage stellt, scheint eine solche Illusion zu sein: Der Glaube an die Eigenart des Wienerischen kann nur gepflegt werden, wenn es ein besseres Wissen gibt, das diesen Glauben suspendiert." Man kann das Wienerische nicht ohne Augenzwinkern hochhalten; man kann es nur pflegen, wenn man weiß, dass es nicht existiert.

Solche Illusionen können gesund sein. Sigmund Freud hält das humoristische Bekenntnis zu einer Illusion sogar für ein kulturelles Ideal: Der Humor verdränge die Realität und erspare so den Ärger mit ihr. Mit den Worten Freuds vermittelt Humor das „Gefühl von Unverletzlichkeit", wobei „Gefühlsaufwand durch Konfrontation mit den Traumen der Außenwelt eingespart und dafür Lust gewonnen" werde. Die schöne Illusion schütze vor der harten Realität. An deren Stelle trete Entspannung durch Unterhaltung. Wer sich wider besseres Wissen zum Glauben an eine Illusion bekennt, finde auch einen „scheinbar vernunftmäßigen Bezugspunkt, von dem aus realer Lebensdruck abgewehrt" werden könne.

Neben dem humoristischen „Bekenntnis zur Illusion" gibt es nach den Studien-Autoren Müller und Öhner nur noch eine Möglichkeit, mit dem Wienerischen umzugehen: den Aberglauben an das Wienerische. Wer dem Aberglauben anhängt, glaubt nicht an den Mythos vom Wienerischen, sondern an seine fixe Realität. Er nimmt die Illusion vom Wienerischen nicht ernst und versteht sie als „Illusion der anderen". Er fühlt sich von der entlarvenden Ironie des Schmähs bestätigt und erfreut sich dieser Bestätigung. Aber auch er benötigt die in Schwebe gehaltene Illusion, um sich in seinem Unglauben an den Mythos bestätigt fühlen zu können. Gerade für Abergläubige entwickelten die illusorischen Wien-Figuren daher eine besonders kraftvolle Wirkung: Während die Illusionisten über die komischen Figuren lachen, weil sie es für möglich halten, dass es sie tatsächlich geben könnte und sie vielleicht um die Ecke wohnen, denken die Abergläubigen, dass solche Personen immer um die Ecke wohnen.

Ein klassisches Beispiel sei „Der Herr Karl" von Helmut Qualtinger und Carl Merz, der 1961 erstmals ausgestrahlt wurde. Wäre der Herr Karl bloß das Psychogramm eines Wiener Kleinbürgers, der aus seinem Leben erzählt, könnte sich niemand damit identifizieren. Dass das Stück aber zu einem Skandal werden konnte und dass viele Österreicher sich selbst in dieser Figur als gemeint erkannten und deren Existenz oder ihre eigene Ähnlichkeit mit ihr leugneten, sei darauf zurückzuführen, dass Qualtinger ein Sprachspiel geschaffen hatte: Der Herr Karl redet nicht, wie ein Herr Karl reden würde. Er spricht in einer Kette von Phrasen, die zusammengenommen das Bild einer konstruierten Person ergeben. Aussagen freilich, die, so Qualtingers eigene Anmerkung, „alle irgendwann einmal von irgendjemandem in Wien gesprochen oder gedacht wurden."

Zugegeben: Der echte, mit den Wirklichkeiten spielende Wiener ist ein interessantes Wesen. Aber jetzt einmal ganz ehrlich: Wenn jemand sein Selbstverständnis daraus bezieht, sich theatralisch mit etwas zu identifizieren, das nicht existiert und das ganze

Spiel nur funktioniert, weil er auch weiß, dass es nicht existiert; er aber so tut, als würde es existieren, nur um indirekt zu suggerieren, dass es eben nicht existiert und gerade damit etwas pflegt, was nur durch diese Pflege existiert, nämlich das Wienerische, dann muss man kein preußisch beschränkter Rationalist wie Friedrich Nicolai sein, um draufzukommen, dass der Wiener etwas vollkommen Verrücktes ist. Er lebt und steckt fest irgendwo im Niemandsland zwischen Gesagtem und Gemeintem, in einer Welt, die nur aus Mythen, Illusionen, Aberglauben und theatralischen Spiegelungen besteht. In der Wirklichkeit gibt es das alles überhaupt nicht. Das ganze Brimborium ist nur Brimborium. Alles nur Schmäh. Wiener Schmäh. Oder?

19 Danksagung

Vielen Dank meinen Interview-Partnern, die sich Zeit für persönliche Gespräche mit mir genommen haben:

Siegfried Beer, Spionageforscher
Lawrence Martin-Bittman, Ex-Geheimagent
Karl Blecha, Politiker
Alfred Dorfer, Kabarettist
Max Edelbacher, Chef der Wiener Mordkommission a. D.
Roland Girtler, Völkerkundler
Michael John, Historiker
Philipp Lesiak, Historiker
Felix de Mendelssohn, Psychotherapeut, Kulturkritiker
Sabine Müller, Kulturwissenschaftlerin
Vrääth Öhner, Kulturwissenschaftler
Gert-René Polli, Ex-Chef des Bundesamtes für Verfassungsschutz und Terrorismusbekämpfung
Alfred Pritz, Psychotherapeut
Thomas Riegler, Historiker
Alfred Rupf, emeritierter Chef der Wiener Flughafenpolizei
Michael Sika, Generaldirektor für die öffentliche Sicherheit a. D.

Ein herzliches Dankeschön an Lawrence Martin-Bittman und Alfred Dorfer, die Gastbeiträge für dieses Buch verfasst haben.

Besonders hilfreich waren die Druckwerke „Mosaik, Schmelztiegel, Weltstadt Wien. Migration und multikulturelle Gesellschaft im 19. und 20. Jahrhundert" von Michael John, „Schmelztiegel Wien – einst und jetzt. Zur Geschichte und Gegenwart von Zuwanderung und Minderheiten" von Albert Lichtblau und Michael John, „Spymaster: Startling Cold War Revelations of a Soviet KGB Chief" und „Spy Wars: Moles, Mysteries and Deadly Games" von Tennent H. Bagley sowie der Arbeitsbericht „Wiener Schmäh. Zur Entstehung, Tradierung und Aktualität einer lokalspezifischen Kommunikationskompetenz" von Sabine Müller und Vrääth Öhner.